介護福祉経営士 実行力テキストシリーズ 3

介護事業の
基礎力を鍛える
コンプライアンス経営

瀬戸恒彦
公益社団法人
かながわ福祉サービス振興会
専務理事

JMP
日本医療企画

はじめに

　神奈川県庁を辞め、公益社団法人かながわ福祉サービス振興会で仕事をするようになって13年になります。この間、いろいろな経営者と出会い、介護現場の方々と接する機会を多く持ちました。
　そうした中で、県庁時代に介護保険制度の立ち上げをしているときには気がつかなかったさまざまな問題が見えるようになってきました。その中でも、一番大きな課題は介護事業を上手に経営する経営（管理）者が不足しているという現実です。事業所には必ず管理者が配置されています。管理者の仕事は、業務を管理すること、働く人を管理すること、職員に法令を遵守させるための指揮命令を行うことですが、これをきちんとできる人が少ないと感じています。
　働く人の「働きがい」や「成長」を基本に置き、より良いサービスを提供し、お客様の満足度を高め、お客様と地域に信頼される事業所づくりを進めることが経営（管理）者の仕事です。正しい考え方や生き方を身につけた経営（管理）者が職員に正しい考え方や生き方を学ばせることが一番重要な人材育成だと思います。今こそ、経営（管理）者も職員も一緒になって、人間としての基礎力を高めていくことが重要です。人間としての基礎力とは、何が正しいのか、何が悪いのかを判断する倫理観を持っているということです。そして、毎日の挨拶をはじめ、感謝の心や素直な心、相手を思いやる心を持って仕事ができているかということです。
　「きつい、きたない、給料が安い」３Ｋ職場などと決して言ってはなりません。そんなことを言えば、自分の仕事に誇りが持てなくなってしまいます。また、介護業界に優秀な人材が集まらなくなってしまいます。介護報酬が低いことを嘆いても仕方がありません。もっと介護現場が元気にならないといけないのです。そのためには、「働きがいがある」、「自分が成長できる」介護事業所を創っていかなければなりません。そして、介護職員自らが、「私は介護の仕事にやりがいがあります」と明るく堂々

と言えるようにしなければならないのです。

　本書は、経営（管理）者として身につけなければならない基本的な考え方から、コンプライアンス経営の実践に向けて、組織の倫理観を高めるための方策等を述べています。先人の教えや違反事例から多くのことを学ぶことができます。こうした学びを日々の実践につなげ、職員の「働きがい」と「成長」、そして「地域社会への貢献」につなげて欲しいと願っています。

　経営（管理者）が良くなれば、事業所が良くなります。事業所が良くなれば、地域が良くなります。地域が良くなれば、日本の未来が明るくなります。介護の明るい未来を拓くために、本書が少しでもお役に立てるならば、大変幸甚です。

　　　　　　　　　　　　　　　　　　　　　　　　　　瀬戸　恒彦

CONTENTS

はじめに

第❶章　企業に求められるコンプライアンス

1　コンプライアンスとは　*8*
2　倫理と法令　*10*
3　企業の社会的責任　*15*
4　なぜ、コンプライアンスが重要なのか　*18*
5　コムスン事件を契機とした制度改正　*23*
6　介護事業者に求められる法令遵守　*26*

第❷章　コンプライアンスは事業経営の根幹

1　事業所は社会に貢献するために存在する　*36*
2　どうしたら、コンプライアンスの経営ができるのか　*41*
3　先人の言葉から学ぶ　*45*
4　経営者に必要な能力　*49*

第3章 実践するために

1. どのような仕組みをつくったらよいか
   －倫理綱領と行動指針の整備－ *56*
2. 組織の倫理を高めるために *60*
3. どのような職員教育を行ったらよいか
   －教育研修の重要性－ *63*
4. 組織文化をつくる意気込みで *67*
5. 違反事例を教材にする *68*
6. 情報公表制度や評価を活用する *84*

第4章 社会に貢献する組織をつくる

1. 組織の基本理念を明確にする *88*
2. 業務改善を継続する *91*
3. 事業の成長サイクルをつくる *99*
4. 事業目標と戦略を「見える化」する *101*
5. ネガティブマインドをポジティブマインドにする *103*

第5章 経営に活かされた事例

1 株式会社ツクイの取り組み　*106*
　　寄稿　株式会社ツクイ
　　　　　　執行役員内部統制室長
　　　　　　三宅篤彦
2 社会福祉法人合掌苑の取り組み　*121*
　　寄稿　社会福祉法人合掌苑
　　　　　　マネジャー
　　　　　　森田健一

おわりに

第1章

企業に求められる
コンプライアンス

1 コンプライアンスとは

　今日、企業を経営するうえで、社会的責任とともに非常に重視されている考え方にコンプライアンスがあります。一般的にコンプライアンスとは、法令遵守を指しますが、本書では、法令遵守に加えて、社会的規範や企業倫理、組織が定める規程を守ることをコンプライアンスと定義します。この概念を図示すると次のとおりです。

【図表1-1-1】コンプライアンスの概念

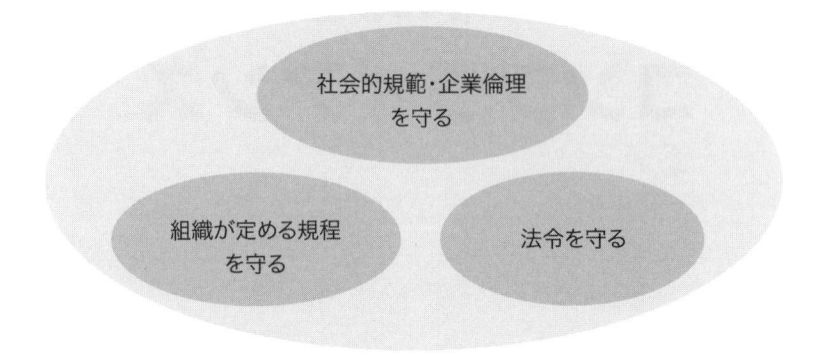

- 社会的規範・企業倫理を守る
- 組織が定める規程を守る
- 法令を守る

　近年、食品業界や建築業界、介護業界において法令違反の事件が頻繁に起きています。法令違反が発覚した場合は不祥事として報道されることが多く、損害賠償訴訟などの法的責任に問われます。また、消費者の信頼を失い、売り上げ低下などの社会的責任を負うことになります。さらに、消費者保護のため行政庁による規制の強化が図られ、事業を取り巻く環境の変化など、大きな影響が出る場合もしばしばあります。こうした背景の中で、コンプライアンスは、

企業経営にとって避けることのできない重要な要素になってきたのです。

　介護業界においても、コムスン事件をはじめとして法令違反により指定を取り消される事業所が後を絶ちません。2013（平成25）年3月15日に開催された全国課長会議の資料によれば、2011（平成23）年度に指定取消処分のあった介護事業所数は80に上り、介護保険制度が創設された2000（平成12）年度から合計で960件となりました。

　なお、処分の中で最も軽い「改善勧告」は通所介護の69件、訪問介護の65件、介護予防訪問介護と介護予防通所介護の58件など合計447件に上りました。こうした背景の中で、コンプライアンスを強く意識して経営をすることが求められるようになりました。

　介護事業においてコンプライアンス経営を実践するために、はじめに倫理と法令の基本を解説します。

2 倫理と法令

(1) 倫理とは

　倫理とは、人として守り行うべき道という意味で、善悪の判断において普遍的な基準となるものです。道徳やモラルと類似しており、法令のように明文化されたものではなく、一人ひとりの心の中にある規範と考えることができます。心の中にある規範といわれてもよくわかりませんので、具体的な例をあげていきましょう。

　たとえば、人は誰でも、小さいころから「嘘をついてはいけない」ということを両親などから教わります。日本国憲法に書いてあるわけではなく、どこかの法令に書いてあるわけでもありません。私たちが、「嘘をつくことは悪いことだ」ということを知っているのは、子供のころからそういう教育を受けてきたからです。明文化された法令ではありませんが、心の中にこうした規範があるため、実際に嘘をつくと心が痛むのです。

　人は誰でも、「善」と「悪」の心をもっています。同じ人間が良い行いもすれば、悪い行いもするのです。悪い行いをしたときに素直に反省し、そうした行いをしないようにすることによって、人は徳を身につけ成長していくのだと思います。人としての道を踏み外さないようにするためには、しっかりとした規範をもたなければなりません。この規範が倫理です。高い倫理観をもたないと、人を支え幸せにすることができないばかりでなく、悪い道に迷い込むことにもなってしまいます。

　人は、嘘をつくことに一種の「ためらい」があります。それは、

良心の呵責に耐えられないからです。しかし、何回も嘘をつくようになると、この「ためらい」が薄れてくるのです。そうなると、平気で嘘をつくようになります。平然と嘘を言うようになると、良心がなくなって盗みも平気ではたらく人になるから、「嘘つきは泥棒の始まり」という戒めの言葉が生まれたのです。

　何が良いことで、何が悪いことなのか、きちんと判断できる規範が一人ひとりの心の中になければなりません。

（2）法令とは

　次に法令について、考えてみましょう。法令とは、一般に、国会が制定する「法律」と行政機関が制定する「命令」を合わせた呼称です。具体的には、次図に示すとおりです。

【図表1-2-1】法令とは

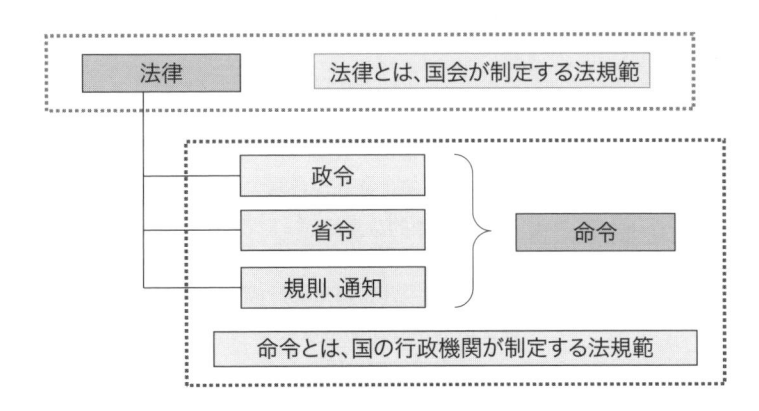

```
┌─────────────────────────────────────┐
│ 法律    法律とは、国会が制定する法規範      │
└─┬───────────────────────────────────┘
  │ ┌─────────────────────────────┐
  ├─│ 政令      ┐                  │
  │ │ 省令      ├─ 命令             │
  ├─│ 規則、通知 ┘                  │
  │ │ 命令とは、国の行政機関が制定する法規範 │
  └─└─────────────────────────────┘
```

　しかし、私たちが「法令」という言葉を使う場合、あまり厳密に使っていないようです。国や自治体が決めたルールという程度の理解をしている人がほとんどだと思います。社会の中では、「法律」と「命

令」を厳密に区別して使う必要がないからです。

　しかし、介護事業所の管理者は、このことを正しく理解しておく必要があります。なぜなら、介護事業者は、法令に基づいて介護サービスを提供することが義務づけられているからです。

（3）倫理と法令の関係

　介護の現場では、倫理と法令を混同している事業所が多いです。倫理と法令遵守の研修を同じものと考えている管理者も多いと思われるので、はじめに、「倫理」と「法令」が違うことを説明します。

　これまで見てきたように、倫理とは、一人ひとりの心の中にある道徳規範であり、法令とは、国会で制定された法律と国の行政機関が制定する命令で明文化されたものです。この違いを図示すると次のとおりです。

【図表1-2-2】倫理と法令の関係図

```
┌─────────────────────────┐
│    法令（明確化、公権力）    │
│    国家権力等に強制される    │
│       他律的な規範        │
├─────────────────────────┤
│    倫理（モラル、自主的）    │
│    自主的な遵守が期待される   │
│       自立的な規範        │
└─────────────────────────┘
```

　法律が施行されたら、国民は法を遵守しなければならない義務を負います。したがって、法は国家権力等に強制される他律的な規範

に位置づけることができます。一方、職能団体が倫理規程を策定する場合がありますが、これは、関係者の努力義務であって、倫理規程に違反した場合でも、国家権力から強制されることはありません。

　具体的な例をあげて説明しましょう。たとえば、Ａさんが賃貸マンションを借りる場合について考えると、賃借人のＡさんは、部屋を使用する権利を得るわけですが、代わりに家賃を支払う義務が発生します。賃貸人のＢさんは、Ａさんから家賃の支払いを受け取る権利を有しますが、代わりに部屋を貸す義務が発生します。賃貸借契約を締結すると、ＡさんとＢさんには、それぞれ義務と権利が発生します。

　この場合、Ａさんには賃料支払義務が発生しているため、部屋代を支払わなかった場合、Ａさんは、部屋を自由に使用する権利を失うことになります。Ａさんが家賃を支払わないまま、住み続けていることは、法令違反の状態にありますので、ＢさんはＡさんに対して立ち退きや財産の差し押さえ等の「法的責任」を追及することができます。

　一方、法令に定めのない場合は、法的責任を追及することはできませんが、一般常識に照らして社会批判を受けても仕方がない場合に道義的責任が問われます。道義的責任とは、法令違反には当たらないのですが、人としての正しい道を守るべき責任をいいます。企業の場合も、企業倫理に照らし合わせて、正しい行いではないと判断される場合には道義的責任を問われます。

（4）法令遵守の意義

　法令遵守とは、法令を遵守することですが、先ほど述べたように法令には、法律と命令が含まれますので、行政庁から発出される文

書も無視するわけにはいきません。こうした一連の文書も含めて遵守する必要があるのです。

　それでは、なぜ、法令を遵守しなければならないのでしょうか。法令を遵守しなくても、利用者に良いサービスを提供することができるのではないか、と考える人もいると思います。しかし、法令を遵守する意味をきちん理解し、その考え方を身につけていないと誤った行動をしてしまうことがあります。

　たとえば、車を運転する場合は、道路交通法を遵守することが求められます。なぜ、道路交通法を遵守しなければならないのでしょうか。それは、事故を起こさないようにするためです。自動車は極めて優れた移動手段ですが、誤った運転をすると事故を起こし、人を傷つける恐れがある乗り物で、人の命を奪うこともあります。ですから、事故を起こさないようにしなければならないのです。

　介護事業の経営も同様です。法令を遵守する意義は、介護事故を防ぐとともに、良質なサービスを提供するためなのです。介護事業に伴うリスクを洗い出し、そのリスクに対応できる組織を創り上げるためにも法令遵守が必要になるのです。言い換えると、法令遵守とは、事業経営の重要な礎ともいえます。

　介護現場で法令遵守を実践するためには、一人ひとりの職員の心構えが重要となります。職員が事故を起こさないようにするためには、介護知識や技術の習得はもちろんのこと、事故やクレームを発生させない手順と心構えを教えなければなりません。万が一事故が発生した場合には、迅速かつ適切に対応できるよう、日頃の心構えと訓練が重要になります。そのためには、法人全体で法令遵守を推進する体制を構築しなければなりません。

3 企業の社会的責任

　介護事業を経営するうえで、もう一つ重要な考え方に社会的責任（CSR）があります。
　この社会的責任とは、企業が利益を追求するだけでなく、その活動において、社会的公正や環境などへの配慮をし、従業員、投資家、地域社会などの利害関係者に対して責任ある行動をするとともに、説明責任を果たしていくことを求める考え方です。
　わが国は、国際標準化機構（International Organization for Standardization）が定めた「社会的責任に関する手引き（ISO26000）」を2011（平成23）年10月に批准しました。この規格を批准した国は企業だけでなく、すべての組織が等しく責任を負うことになります。これにより、すべての組織は、その活動が社会および環境に及ぼす影響に対して責任を負うことが求められています。
　ISO26000では、社会的責任を果たすための7原則を次のとおり定め、これらを行動規範として尊重することを組織に求めています。

〔社会的責任の7原則〕
1　説明責任
　　組織は、自らが社会や環境に対して与える影響に説明責任を担うべきとする原則。
2　透明性
　　組織は、組織の意思決定や活動の透明性を保つべきであるとする原則。
3　倫理的な行動

組織は、正直・公平・誠実という普遍的な倫理観に基づき
　　　行動すべきとする原則。
　4　ステークホルダー（利害関係者）の利害の尊重
　　　組織は、様々な利害関係者へ配慮して対応すべきとする原
　　　則。
　5　法の支配の尊重
　　　各国の法令を尊重し遵守する原則。
　6　国際行動規範の尊重
　　　法の遵守と同時に国際行動規範も尊重すべきとする原則。
　7　人権の尊重
　　　重要かつ普遍的な人権を尊重すること。

　こうした考え方が出てきた背景としては、昨今の経済の進展が、資源や食料等の需給逼迫、環境破壊による異常気象の問題、人権問題、貧富の差の拡大等、人類社会の持続可能性を脅かす諸課題が顕在化し、さらに加速させていることがあげられます。したがって、すべての組織は、社会的、経済的、地理的状況を問わず、こうした課題を解決するために努力する義務があるとされたのです。
　わが国においても、戦後、高度経済成長を遂げるなか、売り上げや業界におけるシェアなどが、企業の「経済価値」を測る指標とされました。大きな利益を出している会社は、利益を出していない会社よりも社会的な信用があり、優れているという評価につながりました。そして、企業の社会貢献とは、利益を出して、利益を社員や株主に還元し、適正な税金を納めることであるという考え方が一般的になったのです。
　しかし、近年は、市場や地域、従業員などへの悪影響を省みず、モラルに反した行為や違法行為による利益を追求する企業に批判の

目が向けられ始めるようになりました。

　そこで、企業が持続的に発展していくためには、高い倫理観によって健全な経営を行い、社会から信頼を得ることが不可欠という考え方が主流になってきたのです。具体的には、環境への配慮や消費者への安全確保、女性が活躍できる職場環境づくりといった課題に積極的に取り組むことが企業競争力の源泉となり、社会全体の持続可能な発展につながるという考え方です。

　活力ある地域社会を構築するためには、事業所やそこで働く職員が高い倫理観を持つとともに、自らの社会的責任を認識し、さまざまな課題の解決に積極的に取り組んでいくことが必要なのです。

　介護事業所も同様です。介護は、要介護高齢者の生活を支える重要なサービスです。介護サービスがなかったら、生きていくことができない人が大勢います。そういう意味では、人間が人間らしく生きるためのサービスを提供しているのが、介護事業所ともいえます。よって、介護事業所は、社会的責任の7原則にしたがってサービスを提供しなければなりません。これは、社会的な要請として理解しておく必要があるでしょう。

4 なぜ、コンプライアンスが重要なのか

(1) 食品業界で話題になった虚偽表示問題

1 虚偽表示問題とは

　企業倫理について考えるために、他業界の事例も紹介しましょう。ここで紹介するのは、近年話題になった食材の虚偽表示の事件です。2013 (平成25) 年の10月から11月にかけて、ホテルや百貨店の飲食店などで相次ぐ食材の虚偽表示が発覚しました。阪急阪神ホテルズが運営するホテルで発覚したのを皮切りに全国の百貨店や酒造業界などさまざまな業種に広がり、消費者庁によると、国に虚偽表示を届け出たのは307業者に上るといいます。

　虚偽表示をした企業は、消費者の信頼を裏切る結果となり、売り上げ減やブランドイメージの低下など、社会的な制裁を受けることになりました。

　この虚偽表示の渦中にあるのは、有名なホテルや百貨店、酒造業者です。誰でも知っている有名な企業が、どうしてこのような不祥事を起こしてしまったのでしょうか。

2 虚偽表示問題が起きた背景

　今回の虚偽表示事件は、モラルの低下や景品表示法 (景表法) の理解不足、法令遵守体制の不備など、いろいろな要因が重なって起きたものだと思います。その中で一番重要な要因は何かといえば、企業の利益優先の体質ではないでしょうか。つまり、この不祥事の根底にあるのは、安い食材を仕入れて高く売り、利益を上げる

ことを優先したために起きたのではないかということです。安い食材を仕入れて高く売ること自体は、悪いことではありません。消費者がそのことを正しく理解して購入する場合は、何も問題にはなりません。たとえば、街中のスーパーで200円で売っている缶ビールを山小屋で買うと500円になるのは、不思議なことではありません。缶ビールを山小屋まで運び、冷やす労賃が加算されるからです。缶ビールが500円であっても、どうしても飲みたい人は購入するでしょうし、飲みたくない人は購入しないでしょう。購入するかしないかは登山者の選択です。しかし、ビールでないものをビールと表示して販売することは違法です。

　今回の事件で一番問題なのは、問題を起こした企業が、虚偽表示がコンプライアンスに違反していることを知っていながら、発覚するまで放置したことです。ここにモラルの低下が見受けられます。

　最初は、良心の呵責があったかもしれませんが、回を重ねるうちに感覚が麻痺します。ラベルの表示を変えることにより、売り上げが伸び、利益が上がるとしたらどうでしょう。中身は何も変わっていないのに、消費者の好みに合わせた表示に変えることによって、その売り上げがさらに伸びていくとしたら、これは、魔法の「ラベル」となるでしょう。努力しないで売り上げを伸ばすことができるのですから、一度やったらやめられなくなるのです。そのため、利益が出ていると、そのことを指摘する人間が組織の中にいなくなります。利益が出ているのだからいいじゃないかと考えてしまうのです。ここに大きな落とし穴があるのです。虚偽表示の問題は、企業経営の根幹を揺るがす大きな病巣なのです。

(2) 介護業界で起きた法令違反

■1 コムスン事件とは

　介護業界において、2007（平成19）年5月に発覚したコムスン事件は社会に大きな影響を与えました。当時、食品の偽装やマンション耐震強度偽装問題、粉飾決算など、企業の不祥事に関する報道が後を絶たないこともあって、「コムスン、おまえもか」とのマスコミによる報道もありました。

　この事件は、当時、業界最大手で全国に介護事業を展開していた株式会社コムスンが、訪問介護事業所を開設する際、勤務実態のない管理者や介護職員の名前を届け出るなど虚偽申請をしたことや、介護報酬を不正に請求したことにより、介護市場から撤退を余儀なくされた一連の事案をいいます。

　厚生労働省は、同年6月、同社の新規事業の開設や事業更新を認めないと決定し、多くの事業所が閉鎖され、事実上、会社が存続できなくなりました。

■2 コムスン事件が起きた背景

　コムスン事件は、なぜ起きたのか、その背景を整理しておきたいと思います。事件の背景には、次に掲げる要因があったと考えられます。

　第1は、急速に事業拡大をしたことです。テレビでの派手な宣伝や他の事業所がいやがる仕事を積極的に行うことにより急成長した裏には、無理な事業拡大の歪みがありました。急激な事業拡大を続けていたコムスンは、法令に定める必要な人材の確保や育成ができないまま、多くの事業所を開設する必要があったため、都道府県に虚偽の指定申請をせざるを得なかったと思われます。

1人の管理者を複数事業所に配置することや、必要なサービス担当責任者を配置せずに事業を実施していたことは、民間の創意工夫の枠を超えた法令違反でした。このような状態が続いたのは、介護人材の慢性的な不足や法人内部で法令遵守のためのチェック機能がきちんと働かなかったことがうかがわれます。

　2つ目は、利益を優先する経営方針を打ち出したことです。民間企業は、利益が事業継続の源泉ですから、利益を優先することは当たり前のことです。赤字より黒字のほうが市場から資金を調達しやすいし、株主への配当も必要だから、どうしても利益優先の経営になりがちです。

　しかし、介護事業は、そもそも利益を上げにくい事業構造となっています。特に、訪問介護は労働集約型の典型ですから、事業を拡大する際には、常に介護人材を確保しなければならないのは当然です。制度施行後、急速に拡大したコムスンには、法令に精通したベテランや中堅クラスの人材が少なかったことがうかがわれます。民間ならではの効率性と創意工夫に富んだ事業運営体制を築いていたかに見えましたが、経営の本質を見失った集団が、法令遵守よりも利益を優先した結果、法令違反の状態が継続したと推測します。

　3つ目は、介護現場の職員からよく出る意見ですが、介護保険制度の仕組みが複雑なことです。また、管理者が新規開設事業所の管理者となるために辞め、介護職員がいきなり管理者になるケースもあるといいます。そういう場合、法令に関する知識が十分ではないことも多く、制度の細部まで理解することが難しいといわれます。

(3) コンプライアンスの重要性

　これまで見てきたように、法令違反をすると、企業は事業の継続

が困難となるばかりでなく、最悪の場合には法的責任および社会的責任を問われ、会社を失うことになりかねません。

　コムスン事件を契機として、目先の利益を優先するよりも、中長期的な事業の継続を優先しなければならないことが強く認識され、介護業界においてもコンプライアンスの重要性が叫ばれるようになりました。

5 コムスン事件を契機とした制度改正

（1）2008（平成20）年の介護保険制度改正

コムスン事件を契機として、2008（平成20）年に介護保険法が改正され、翌2009（平成21）年5月に施行されました。改正の概要は、次図のとおりです。

【図表1-5-1】2008（平成20）年介護保険制度改正の概要

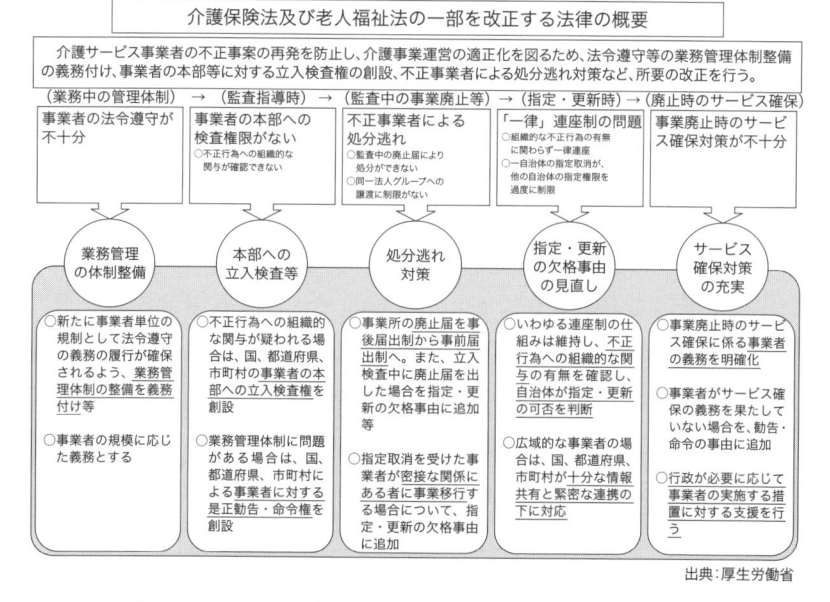

介護保険法及び老人福祉法の一部を改正する法律の概要

介護サービス事業者の不正事案の再発を防止し、介護事業運営の適正化を図るため、法令遵守等の業務管理体制整備の義務付け、事業者の本部等に対する立入検査権の創設、不正事業者による処分逃れ対策など、所要の改正を行う。

（業務中の管理体制）	→（監査指導時）	→（監査中の事業廃止等）	→（指定・更新時）	→（廃止時のサービス確保）
事業者の法令遵守が不十分	事業者の本部への検査権限がない ○不正行為への組織的な関与が確認できない	不正事業者による処分逃れ ○監査中の廃止届により処分ができない ○同一法人グループへの譲渡に制限がない	「一律」連座制の問題 ○組織的な不正行為の有無に関わらず一律連座 ○一自治体の指定取消が、他の自治体の指定権限を過度に制限	事業廃止時のサービス確保対策が不十分

↓

業務管理の体制整備	本部への立入検査等	処分逃れ対策	指定・更新の欠格事由の見直し	サービス確保対策の充実
○新たに事業者単位の規制として法令遵守の義務の履行が確保されるよう、業務管理体制の整備を義務付け等 ○事業者の規模に応じた義務とする	○不正行為への組織的な関与が疑われる場合は、国、都道府県、市町村の事業者の本部への立入検査権を創設 ○業務管理体制に問題がある場合は、国、都道府県、市町村による事業者に対する是正勧告・命令権を創設	○事業所の廃止届を事後届出制から事前届出制へ。また、立入検査中に廃止届を出した場合を指定・更新の欠格事由に追加等 ○指定取消を受けた事業者が密接な関係にある者に事業移行する場合について、指定・更新の欠格事由に追加	○いわゆる連座制の仕組みは維持し、不正行為への組織的な関与の有無を確認し、自治体が指定・更新の可否を判断 ○広域的な事業者の場合は、国、都道府県、市町村が十分な情報共有と緊密な連携の下に対応	○事業廃止時のサービス確保に係る事業者の義務を明確化 ○事業者がサービス確保の義務を果たしていない場合を、勧告・命令の事由に追加 ○行政が必要に応じて事業者の実施する措置に対する支援を行う

出典：厚生労働省

このように法令違反を契機として制度改正が行われることはよくあることですが、コムスン事件を契機として介護保険制度改正に至ったことは、忘れてはならない教訓として記憶にとどめておく必

要があります。

　2008（平成20）年の制度改正は、介護事業所における業務管理体制の整備や届出の義務化、処分逃れ対策としての事前廃止届出制など、法令遵守体制を強化する方向で行われました。しかし、不正請求が皆無になったという話は聞きません。なぜ、不正請求がなくならないのか、なぜ、法令遵守ができないのでしょうか。

　コムスン事件以降も、介護現場には、「厚生労働省の基準は厳しすぎるから守れない」、「頻繁に変わる法令の内容がわからない」、「基準どおりにやっていたら経営が成り立たない」、「生活のためには多少の違反もしかたがない」という意識が少なからず残っているようです。

　法令遵守が徹底されない理由の一つは、管理者が従業員に対して法令遵守に対する教育指導を十分行っていないことが原因ではないかと思います。本来、管理者は、人の管理、仕事の管理と併せて、従業員に対して法令を遵守させるための指揮命令をしなければなりません。しかし、介護現場では、管理者自身が法令に詳しくない場合が多々あり、従業員に対してどのような教育をしたらよいかがわからない場合もあるようです。だからこそ、管理者はコンプライアンスを理解し、従業員に対してどのように法令遵守の教育をしたらよいのかを勉強する必要があるのです。

（2）法令遵守の重要性

　当たり前のことですが、法令違反をすれば、事業の継続ができなくなります。それは、ルール違反をして利益を上げているからです。野球でも、サッカーでも、あらゆるスポーツは、ルールが決められていて、ルールにしたがってプレイをすることが義務となって

います。サッカーでルール違反をすると、審判からイエローカードやレッドカードを渡されます。大きな違反をすれば、退場を命じられ、サッカーを続けることができなくなります。フェアプレイをしてゴールをすれば、拍手喝采ですが、違反をしてゴールしても、誰も褒めてくれません。なぜなら、スポーツは、フェアプレイの精神が重要だからです。観客もフェアプレイを望んでいます。

だから、ルール違反をしている選手は、評価されません。むしろ非難されてしまいます。

介護事業も同様です。介護保険制度というルールの下で、利用者に対して良質な介護サービスを提供する義務がありますから、法令を遵守することは当たり前なのです。ルールを守らずによいサービスを提供しているといっても、それは、利用者や地域の信頼を得ることにはつながりません。法令を遵守してよいサービスを提供した場合に、利用者や地域の信頼を得ることにつながると考えたほうがよいでしょう。

6 介護事業者に求められる法令遵守

　介護保険制度が施行され、急速に介護事業所が増加しましたが、その中で一番利用頻度の高い訪問介護に関する指定基準を見てみましょう。指定訪問介護の管理者の役割については、平成11年厚生省令第37号第28条に次のとおり定められています。

> （管理者及びサービス提供責任者の責務）
> 第二十八条　指定訪問介護事業所の管理者は、当該指定訪問介護事業所の<u>従業者及び業務の管理を、一元的に行わなければならない</u>。
> 2　<u>指定訪問介護事業所の管理者は、当該指定訪問介護事業所の従業者にこの章の規定を遵守させるため必要な指揮命令を行うものとする</u>。
> 3　（省略）

　この規定は、管理者に対して、人の管理、業務の管理、法令遵守を義務づけたものです。

> 〔管理者の責務とは〕
> ①　従業者の管理（人材の確保、定着、研修等）
> ②　業務の管理（財務管理、情報管理、備品管理等）
> ③　基準を遵守させるために必要な指揮命令

　介護保険法は、管理者に、人と業務の管理をするとともに、従業

者に対して法令遵守を徹底させることを求めています。訪問入浴や通所介護などの訪問・通所系サービスも、認知症対応型共同生活介護や特定施設などの施設系サービスも同様です。介護保険法のもとでサービスを提供する場合、必ず事業所ごとに常勤の管理者を置かなければならず、管理者は、前に述べた3つの責務を果たさなければなりません。

介護事業者が遵守しなければならない法令は、次のとおりです。どの法令も基本を押さえておかなければなりませんが、このなかで重要な法令は、介護保険法です。なぜなら、この法令に抵触した場合は、事業の継続ができなくなる恐れがあるからです。

1　介護保険法
2　労務管理に関する法令（労働基準法等）
3　高齢者虐待防止法
4　個人情報保護法
5　成年後見制度に関する法令
6　障害者総合支援法
7　後期高齢者医療制度に関する法令
8　生活保護法

これから介護保険法令を具体的に見ていきます。

（1）介護保険法と基準省令

介護事業を経営するうえで理解しておかなければならない重要な法令は、介護事業者の指定に関する条文と、当該基準を具体的に定めている基準省令です。

介護保険法では、第5章が該当しますので、具体的に見ていきます。

第5章　介護支援専門員並びに事業者及び施設
第1節　介護支援専門員
　第1款　登録等（第69条の2—第69条の10）
　第2款　登録試験問題作成機関の登録、指定試験実施機関及び指定研修実施機関の指定等（第69条の11—第69条の33）
　第3款　義務等（第69条の34—第69条の39）
第2節　指定居宅サービス事業者（第70条—第78条）
第3節　指定地域密着型サービス事業者（第78条の2—第78条の17）
第4節　指定居宅介護支援事業者（第79条—第85条）
第5節　介護保険施設
　第1款　指定介護老人福祉施設（第86条—第93条）
　第2款　介護老人保健施設（第94条—第105条）
第6節　指定介護予防サービス事業者（第105条の2—第105条の11）
第7節　指定地域密着型介護予防サービス事業者（第105条の12—第105条の21）
第8節　指定介護予防支援事業者（第105条の22—第105条の31）
第9節　業務管理体制の整備（第105条の32—第105条の34）
第10節　介護サービス情報の公表（第105条の35—第105条の44）

　第5章の条文の中で、「第9節　業務管理体制の整備」および「第10節　介護サービス情報の公表」に関する条文も、すべての介護事業所および施設に該当しますので、注意しておく必要があります。

1 居宅介護支援事業者の場合

次に個別のサービスごとに規定を見ていきましょう。居宅介護支援事業者が留意しなければならない条文は、介護保険法第80条〜第83条、ならびに第115条の32〜第115条の45までです。

1）介護保険法の規定

【図表1-6-1】居宅介護支援事業者が留意しなければならない条文

責務等の内容	根　　拠
①指定の基準に関すること	介護保険法第79条
②要介護者の心身の状況に応じて適切な居宅介護支援を提供すること	〃　　第80条
③自ら提供する居宅介護支援の質の評価を行うこと	〃　　第80条
④要介護者の人格を尊重するとともに法令を遵守し、要介護者のため忠実にその職務を遂行すること	〃　　第81条
⑤申請事項等の変更届出を行うこと（10日以内）	〃　　第82条
⑥事業の廃止・休止届けを行うこと（1か月前）（改正）	〃　　第82条
⑦知事または市町村長への報告、書類の提出・提示命令、出頭、質問、検査に応じること	〃　　第83条
⑧業務管理体制の整備と届出を行うこと（改正）	〃　　第115条の32
⑨知事に介護サービス情報を報告すること	〃　　第115条の35

重要なポイントは、自ら提供するサービスの質の評価を行うことです。介護保険法では、事業所の自己評価が義務づけられているので定期的に実施し、継続的な改善を進める必要があります。

なお、コムスン事件以降、法令遵守体制の構築が求められ、新たに第115条の32〜34の規定が定められました。事業の廃止・休止届については、事後届け出制から事前届け出制となり、1か月前の届け出が必要となりました。

2）指定基準

居宅介護支援事業所の基準は、平成11年厚生省令第38号に定められています。指定基準の構成は、次のとおりです。

> 第1章　基本方針（第1条）
> 第2章　人員に関する基準（第2条・第3条）
> 第3章　運営に関する基準（第4条～第29条）
> 第4章　基準該当居宅介護支援に関する基準（第30条）

第1章の基本方針（第1条）には、次の内容が記載されています。

> ①　指定居宅介護支援の事業は、要介護状態となった場合においても、その利用者が可能な限りその居宅において、その有する能力に応じ<u>自立した日常生活を営む</u>ことができるように配慮して行われるものでなければなりません。
> ②　指定居宅介護支援の事業は、利用者の心身の状況、その置かれている環境等に応じて、<u>利用者の選択に基づき、適切な保健医療サービスおよび福祉サービスが、多様な事業者から、総合的かつ効率的に提供される</u>よう配慮して行われなければなりません。
> ③　指定居宅介護支援事業者は、指定居宅介護支援の提供に当たっては、<u>利用者の意思および人格を尊重し、常に利用者の立場に立って、</u>利用者に提供される指定居宅サービス等が特定の種類または特定の居宅サービス事業者に不当に偏することのないよう、<u>公正中立に行われなければなりません。</u>
> ④　指定居宅介護支援事業者は、事業の運営に当たっては、<u>市町村、地域包括支援センター、老人介護支援センター、他の指定居宅介護支援事業者、指定介護予防支援事業者、介護保険施設等との連携</u>に努めなければなりません。

基本方針で述べている内容は当たり前のことですが、重要ですの

で、確認しておく必要があります。居宅介護支援の基本は、利用者の自立支援に向けて、関係機関と連携を図りながら、適切な保健・医療・福祉サービスをマネジメントすることです。

3）管理者の基準

管理者については、次のとおり要件が定められています。

> <u>管理者は、常勤であり、原則として専ら当該居宅介護支援事業所の管理者の職務に従事する者</u>でなければなりません。
> ただし、以下の場合には、他の職務を兼ねることができます。
> ・当該居宅介護支援事業所の介護支援専門員としての職務に従事する場合
> ・当該居宅介護支援事業所と同一敷地内にある他の事業所の職務に従事する場合であって、特に当該居宅介護支援事業の管理業務に支障がないと認められる場合

4）介護支援専門員の配置基準

介護支援専門員の配置基準については、次のとおり定められています。

> ① 1以上の常勤の介護支援専門員を配置。
> ② 常勤の介護支援専門員の配置は利用者の数35人に対して1人を標準とし、利用者の数が35人またはその端数を増すごとに増員すること。（老企22 第二2）
> ③ 介護保険施設に置かれた常勤専従の介護支援専門員（老企22 第二2）との兼務不可。

2 訪問介護の場合

指定訪問介護事業者が留意しなければならない条文は、介護保険法第70条～第78条、ならびに第115条の32～第115条の44までです。

1）介護保険法の規定

【図表1-6-2】指定訪問介護事業者が留意しなければならない条文

責務等の内容	根拠
①事業者の指定に関すること	介護保険法第70条
②要介護者の心身の状況等に応じて適切な指定居宅サービスを提供すること	〃　　第73条
③自ら提供する居宅サービスの質の評価を行うこと	〃　　第73条
④要介護者の人格を尊重するとともに法令を遵守し、要介護者のため忠実にその職務を遂行すること	〃　　第74条
⑤申請事項等の変更届出を行うこと（10日以内）	〃　　第75条
⑥事業の廃止・休止届けを行うこと（1か月前）（改正）	〃　　第75条
⑦知事または市町村長への報告、書類の提出・提示命令、出頭、質問、検査に応じること	〃　　第76条
⑧業務管理体制の整備と届出を行うこと（改正）	〃　　第115条の32
⑨知事に介護サービス情報を報告すること	〃　　第115条の35

訪問介護についても事業所の自己評価が義務づけられているため、自ら提供するサービスの質の評価を実施しなければなりません。

なお、コムスン事件以降、訪問介護についても法令遵守体制の構築が求められ、事業の廃止・休止届については、事後届け出制から事前届け出制となりました。

2）指定基準

居宅介護支援事業所の基準は、平成11年厚生省令第37号に定められています。指定基準の構成は、サービスごとにまとめられており、サービスごとに基本方針、人員基準、設備基準および運営基準が定められています。

たとえば、訪問介護事業所の場合、次のとおりの構成となってい

ます。

第2章　訪問介護
第1節　基本方針(第4条)
第2節　人員に関する基準(第5条・第6条)
第3節　設備に関する基準(第7条)
第4節　運営に関する基準(第8条—第39条)
第5節　基準該当居宅サービスに関する基準(第40条—第43条)

第1節の基本方針(第4条)には、次の内容が記載されています。

> 指定居宅サービスに該当する訪問介護(以下「指定訪問介護」という。)の事業は、要介護状態となった場合においても、その利用者が可能な限りその居宅において、その有する能力に応じ自立した日常生活を営むことができるよう、入浴、排せつ、食事の介護その他の生活全般にわたる援助を行うものでなければならない。

3) 管理者の基準

管理者については、常勤であり、原則として専ら当該訪問介護事業に従事する者でなければなりません。

ただし、以下の場合であって、管理業務に支障がないと認められる場合、他の職務を兼ねることができます。

① 当該訪問介護事業・介護予防訪問介護事業の従業者(サービス提供責任者、訪問介護員)としての職務に従事する場合
② 当該訪問介護事業所・介護予防訪問介護事業所と同一敷地

> 内にある他の事業所、施設等の職務（※）に従事する場合であって、特に当該訪問介護事業の管理業務に支障がないと認められる場合（※同一の事業者の併設する事業所等に限る。）

4）サービス提供責任者

　サービス提供責任者の配置基準については、常勤の訪問介護員等のうち、利用者の数が40またはその端数を増すごとに1人以上の者をサービス提供責任者としなければなりません。サービス提供責任者になれる資格は次のとおりです。

> ・介護福祉士
> ・実務者研修修了者
> ・介護職員基礎研修課程修了者
> ・初任者研修修了者で、3年以上（かつ540日以上）介護等の業務に従事したもの

第2章

コンプライアンスは事業経営の根幹

1 事業所は社会に貢献するために存在する

(1) 利益は結果と考える

　第1章では、介護事業を継続させるためには、コンプライアンスが重要であると説明してきました。それでは、具体的にどのようにしたら利用者や地域社会の役に立つ活動ができるのでしょうか。

　企業も、病院も、介護サービス事業者も、利益を出さなければ事業の継続ができませんから、利益を出すことは重要です。利益は事業継続のために必要な資金であり、従業員の給与の源泉でもあります。

　しかし、利益はあくまでも、世のため、人のために奉仕した結果なのです。企業も、病院も、介護サービス事業者も、世のため、人のために尽くすことが本来の使命であって、利益を追求することが目的ではありません。このことを間違えると、事業の継続が危うくなります。組織が高い志をもち、職員一人一人が高い倫理観をもって仕事をしている組織は、将来にわたって繁栄していくことでしょう。

(2) 仕事を通して社会貢献する

　事業は、業績のよいときもあれば悪いときもあります。一生懸命仕事をしているのに、いっこうに利益が出ない場合もあります。生活が苦しいから短期的な利益が欲しい、そんな状況に追い込まれるときもあるでしょう。

そんなときは、基本に立ち返ることが重要です。そもそも、なぜ、自分はこの仕事をしているのか、と問いかけることです。利益を追いかけるのが経営者の仕事ではありません。企業は業績がよいときもあれば悪いときもあります。利益を追いかけることが仕事だったら、こんなに無意味でつまらないことはないでしょう。

仕事を通して社会に貢献することを事業経営の基本に据えなければ企業の発展は望めないでしょう。そこで、事業経営の基本に戻るための重要な言葉を紹介しましょう。

■1 ドラッカーの5つの質問

1つは、ピーター・F・ドラッカーの5つの質問です。

ドラッカーは、特に非営利組織の経営に大きなエネルギーを費やし、1990年に『非営利組織の経営』を著しました。非営利組織こそ、成果を出すためにマネジメントが必要であると説いています。私は、福祉を経営するすべての者が、この経営哲学を学ぶ必要があると思います。

【図表2-1-1】ドラッカーの5つの質問

```
1．われわれのミッションは何か？
2．われわれの顧客は誰か？
3．顧客にとっての価値は何か？
4．われわれにとっての成果は何か？
5．われわれの計画は何か？
```

何のために介護事業を行っているのかという基本理念を明らかにし、介護サービスを利用している利用者が求める価値を知ることにより、サービスの質の向上が図られます。こうして事業所と利用者の双方に利益がもたらされる関係が構築でき、介護事業の成果がも

たらされます。成果を明確に知ることにより、成果を上げるための計画も明確になり、成り行き任せでない状態で事業を進めることができるのです。これは、一番シンプルで一番役に立つ経営の実践方法です。

2 近江商人の三方よし

　次に紹介する言葉は、近江商人の三方よしです。近江商人は、主に鎌倉時代から昭和時代初期にかけて全国を股にかけて活動した近江国（滋賀県）出身の商人を指します。神仏への信仰が篤く、規律や道徳を重んじる者が多かったようです。さまざまな規律道徳や行動哲学が生み出され、成功した近江商人が私財を神社仏閣に寄進したり、地域の公共事業に投資したりした逸話も数多く残されています。

　この近江商人の成功哲学が「三方よし」です。三方よしとは、「売り手よし」、「買い手よし」、「世間よし」のことです。自分の利益だけを考えて商売をしてはいけない、相手のことを考え、世間のことを考え、三方がよくなければ、商売は繁盛しないという考え方です。近江商人の商売の10教訓の一番目に、「商売は世の為、人の為の奉仕にして、利益はその当然の報酬なり」とあります。この言葉は、世のため、人のためにならない商売は、長続きしないし、本来、してはいけないということにつながっています。

【図表2-1-2】近江商人の三方よし

```
1．売り手よし
2．買い手よし
3．世間よし
```

(3) 介護事業のあるべき姿

　介護事業は、一般のビジネスと違って、労働集約型であること、生活圏域での事業であること、生活を支援するサービスであること、の３つの特徴があります。つまり、介護事業を拡大する場合は、必ず人材を確保しなければならないし、生活圏域での事業なのでサービスを利用する顧客は限られ、事業所の規模拡大には限界があり、規模のメリットを活かすことが困難です。さらに、生活を支える介護サービスは、途中で投げ出すわけにはいきません。

　こうした介護事業の特性を踏まえ、常に安定と継続を重視し、地域で末永く事業を行うことが重要です。そのためには、大きな「利益」を出すことよりもコツコツと小さな「利益」を積み重ね、サービスの質を高め、利用者や地域の信頼を獲得していかなければなりません。立派なマニュアルを整備していても、それが従業員に徹底されておらず、利用者からの苦情が多い事業所は、利用者や地域の信頼を獲得することは難しいのです。利用者と地域の信頼を得ることが一番重要なことなのです。

(4) 発酵する組織をつくる

　次に発酵と腐敗について考えてみましょう。日本には、古くから発酵食品があります。代表的なものは、酒、みそ、しょうゆ、納豆、漬物などですが、こうした発酵食品は、健康によいといわれています。発酵とは、微生物を利用して、食品を製造することですが、一方で、腐敗とは、微生物によって、生物由来の有機物が分解されることをいいます。

　発酵と腐敗は、ともに微生物の分解作用によってもたらされます

ので同じ過程をたどります。同じ過程をたどる発酵と腐敗ですが、何が違うのでしょうか。

　発酵食品は、人間の身体によい影響を与え、腐敗食品は、人間の身体に悪い影響を与えます。腐ったものを食べるとおなかを壊すだけでなく、生命の危険がある場合もあります。結局、人の役に立つものを発酵、有害なものを腐敗と呼んでいるのです。

　発酵と腐敗に「組織」という言葉をつけると、「発酵組織」、「腐敗組織」となります。「社会」という言葉をつけると、「発酵社会」、「腐敗社会」となります。どんなによい組織でも、年数がたつと腐敗していくことがあります。それでは、発酵した組織と腐敗した組織では、何が違うのでしょうか。その判断基準は、「人の役に立つのか」、「社会の役に立つのか」、ということではないでしょうか。社会の役に立たない組織は、腐敗した組織というレッテルを貼られてもしかたがありません。

　発酵した組織では、一人ひとりが自分の役割や立場をわきまえて、互いに連携し協力しながら人の役に立つ仕事をしています。一方、腐敗した組織では、我欲の強い者同士がぶつかり、互いに足の引っ張り合いをして社会に害をもたらします。

　組織が継続的に発展するためには、腐敗した組織とならないように注意することが重要です。

2 どうしたら、コンプライアンスの経営ができるのか

(1) 経営者層の倫理観が大切

　介護事業を継続するために最も大切なことは、経営者層の「倫理観」です。実地指導の事例で共通して見られたことは、経営者や管理者の倫理観の欠如です。これまで見てきたように管理者は、①業務の管理、②従業者の管理、③法令遵守の指揮命令、の３つの義務を履行しなければなりません。そのために法令を理解することは必須なのです。

　法令とは、事業所が提供するサービスのあり方や手続きを明文化したものであり、よい介護を行うために必要最低限のことが記載されています。したがって、法令を遵守するということは、人権を護りよい介護をすることにつながるのです。

　しかし、法令をいくら勉強しても、法令遵守を実践しなければ、実際には意味がありません。実践につなげていく意識が「倫理観」です。介護事業を経営する者は、日頃からこの倫理観を高める努力をしていかなければなりません。そして、その倫理観を職員と共有し、規律正しい職場風土をつくっていくことが重要なのです。

　倫理観を高めるにはどうしたらよいのでしょうか。倫理とは、目に見えない心の中にある規範ということを理解いただけたとすると、この倫理観を高めるために経営者や管理者がすべきことは、一人ひとりの職員の教育をしっかりとしなければならないということです。

　組織の体制や職員の教育プログラムについては、第３章で詳しく述べているので、そちらを参照してください。ここでは、一人ひと

りの道徳観（モラル）を高めるためにどうしたらよいのかについて考えます。

（２）倫理の基本は「善」と「悪」の区別

　皆さんは、「善」と「悪」について考えたことがありますか。「善」とはよいことであり、「悪」とは悪いことです。これは当たり前ですね。それでは、どんなことが「善」で、どんなことが「悪」なのか、簡単な事例をあげて説明します。
　①嘘をつくことは「善」ですか。
　　いいえ、嘘をつくことは「悪」です。なぜなら、人の心を傷つけ、悲しい思いをさせるからです。嘘をつくのは、悪の道へ入る第一歩です。
　②人にプレゼントをするのは「善」ですか。
　　そうです。なぜなら、もらった人が嬉しい気持ちになるからです。
　③人を殺すことは「悪」ですか。
　　そうです。なぜなら、その人の将来を奪い、その家族に悲しい思いをさせ、本人と家族の未来を奪ってしまうからです。
　④人を差別することは「悪」ですか。
　　そうです。なぜなら、差別された人が嫌な思いをし、家族を悲しませ、生きることの幸せを奪うからです。

　「善」と「悪」を判断する基準は、一人ひとりの心の中にある規範です。人の心の中は見えませんが、誰でも必ずこの規範をもち、この規範にしたがってよいことや悪いことの判断をしているのです。
　私たちは目に見えるものは大切にしますが、目に見えないものは

疎かにしがちです。でも、本当に大切なものは目に見えないのです。この規範は目に見えませんが、人として生きていくうえでとても大切なものです。

　よいことと悪いことの判断をどうしたら身につけることができるのでしょうか。何も難しいことではないと思います。「人を幸せにすることはよいことであり、人を不幸にすることは悪いことである」と考えればよいのではないでしょうか。

（3）何が正しいかを考える癖を

　世の中で起きることについて、すべて「白」と「黒」に分けることは不可能です。場合によっては、区別がつかずにグレーゾーンに位置する事柄もあります。

　しかしながら、何が正しいのか、何が誤っているのか、日々の生活の中で、一日を振り返り、反省することは大事なことです。今日の行いを反省し、よい行いをしたかどうかを確認する作業をしないと、倫理観を高め、人格を磨くことはできません。

　正しいことを判断する能力は、リーダーにとってとても重要なことです。正しいことを判断するためには、何が正しいのかを見極めなければなりません。

　世の中には、正しいことをしようとすると、勇気のいることがあります。たとえば、電車の中で大きな声を出している人や座席を独り占めにしている人に注意すること、生活ごみをきちんと仕分けていない人に注意すること、近所迷惑を顧みず大きな音で音楽を聴いている人に注意することなど、人に迷惑をかけている状況を見ていて、注意することです。

　最近は、正しい行いをしようとする人が逆に危害を加えられるこ

ともあり、「触らぬ神に祟りなし」を決め込む人も多くなっています。かかわり合いさえしなければ、余計な災いを受けることもないので、見て見ぬふりをするのです。学校でも、こうした風潮が「いじめ問題」を増長しているように思います。

3 先人の言葉から学ぶ

　倫理観が低下してきたのは、戦後の教育の中で、道徳教育が疎かになり、善と悪の区別がつかなくなってきた国民が増えてきたのかもしれません。

　しかし、わが国の歴史を見ると、共に暮らす社会において人として守るべき道があることを説いている言葉がたくさんあります。それらを紹介しましょう。

（1）什の掟（ならぬことはならぬものです）

　NHKの大河ドラマ「八重の桜」で有名になった言葉に、「什の掟」があります。この言葉は、会津藩校日新館に入学する前の子供たちの教育として教え込まれたものです。日新館は、小学校6年の教科書に「江戸時代の武士の学校」として紹介されており、会津藩の教育が優れていたことがうかがえます。

　介護の現場で倫理の羅針盤が求められている中、この言葉を噛み締めて、人として行うべき道を身につけることが必要ではないでしょうか。以下に、現在も通用する重要な考え方を紹介します。

> 一、年長者の言ふことに背いてはなりませぬ
> 一、年長者にはお辞儀をしなければなりませぬ
> 一、嘘言（うそ）を言ふことはなりませぬ
> 一、卑怯な振舞をしてはなりませぬ
> 一、弱い者をいぢめてはなりませぬ
> 一、戸外で物を食べてはなりませぬ

> 一、戸外で婦人と言葉を交へてはなりませぬ
>   ならぬことはならぬものです

【図表2-3-1】ならぬことはならぬものです

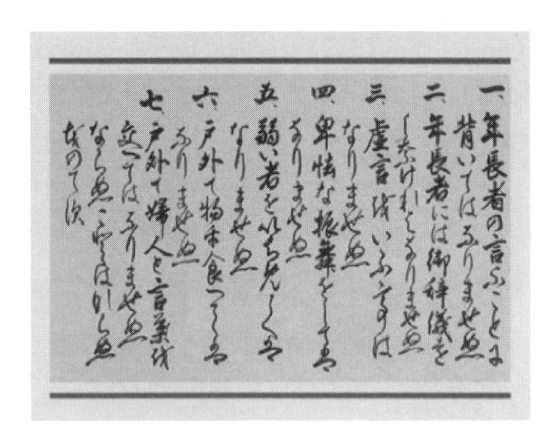

> 一、年長者の言ふことに背いてはなりませぬ
> 二、年長者には御辞儀をしなければなりませぬ
> 三、虚言を言ふ事はなりませぬ
> 四、卑怯な振舞をしてはなりませぬ
> 五、弱い者をいじめてはなりませぬ
> 六、戸外で物を食べてはなりませぬ
> 七、戸外で婦人と言葉を交へてはなりませぬ
>   ならぬことはならぬものです

（2）「福澤心訓」（福沢諭吉）

福沢諭吉の作ではないのですが、福澤心訓と呼ばれる言葉があり、これも含蓄のある言葉ですので、紹介します。

> 一、世の中で一番楽しく立派な事は、一生涯を貫く仕事を持つという事です。
> 一、世の中で一番みじめな事は、人間として教養のない事です。
> 一、世の中で一番さびしい事は、する仕事のない事です。
> 一、世の中で一番みにくい事は、他人の生活をうらやむ事です。
> 一、世の中で一番尊い事は、人の為に奉仕して決して恩にきせない事です。
> 一、世の中で一番美しい事は、全ての物に愛情を持つ事です。
> 一、世の中で一番悲しい事は、うそをつく事です。

（3）「五誓」（松下幸之助）

　松下幸之助は、経営の神様といわれた実業家です。丁稚から身を起こし、パナソニックを一代で築き上げたことで有名です。PHP研究所を設立して倫理教育に乗り出す一方、晩年は松下政経塾を立ち上げ政治家の育成にも意を注ぎました。

　この松下政経塾は、1979（昭和54）年に設立され、これまでに、国会議員や地方議員などの政治家を中心に、多数の人材を輩出しています。この松下政経塾の五誓を紹介しましょう。人間が、自分の人生をより良く生きたいと願うとき、心に染みてくる言葉だと思います。

①「素志貫徹のこと」
　常に志を抱きつつ懸命に為すべきことを為すならば、いかなる困難に出会うとも、道は必ず開けてくる。成功の要諦は、成功するまで続けるところにある。

②「自主自立の事」
　他を頼り人をあてにしていては事は進まない。自らの力で、自らの足で歩いてこそ他の共鳴も得られ、知恵も力も集まって良き成果がもたらされる。

③「万事研修の事」
　見るもの聞くことすべてに学び、一切の体験を研修と受け止めていそしむところに真の向上がある。心して見れば、万物ことごとく我が師となる。

④「先駆開拓の事」
　既成にとらわれず、たえず創造し開拓していく姿に、日本と世界の未来がある。時代に先がけて進む者こそ、新たな歴史の扉を開くものである。

⑤「感謝協力の事」
　いかなる人材が集まろうとも、和がなければ成果は得られない。常に感謝の心を抱いて互いに協力し合ってこそ、信頼が培われ、真の発展も生まれてくる。

　自分を信じて、見るもの、聞くことすべてを研修と受けとめて、常に目標に向かって、自らの力で、自らの足で歩き、感謝の心を忘れない限り、必ず成功するという考え方は、とても好きな言葉です。

4 経営者に必要な能力

（1）判断力

　正しい状況判断をすることは、管理者の資質として必要不可欠ですし、コンプライアンス経営を実践するうえでも重要な能力です。介護事業所では、事故や苦情が日常茶飯事のようにあります。事故が起きたときの対応いかんでは、大きな問題となる場合もあり、事前に起きうるリスクを洗い出すことが重要となります。

　苦情についても、その情報を全職員で共有化し、業務改善につなげるなどの取り組みを進める必要があります。クレームが来たら、それは、業務改善のための情報という位置づけで、前向きにとらえることが重要です。それでは、正しい状況判断と分析力を養うためには、どうすればよいのでしょうか。

　判断力とは、物事の本質を正しく理解し、評価する能力をいいます。適切な状況判断をするためには、状況を把握する際に物事の本質を正しく理解することが重要です。物事の本質を見る目を養わないと、本質が見えてきません。本質が見えないと、誤った判断をしてしまうことがあります。

　たとえば、介護事業所で骨折事故が起き、その対応をすることを考えてみましょう。職員から事故報告が来たときに、その話を鵜呑みにして一喜一憂しないことが大切です。推測と事実を明確に区別し、不確実なものに対しては、自分で確認する努力をする必要があります。「たら」、「れば」のような仮定に基づく長たらしい議論をしてはいけません。事故が起きたとき、最初にすべきことは、いつ、

どこで、誰が、なぜ、どのようにして骨折したのか、事実関係を調査することです。大事なことは、何よりも真実です。この真実を把握することができれば、その後の対応もうまくいくでしょう。

　部下の意見をそのまま信じてはなりません。なぜなら、彼らは自分の見えている範囲でしか、ものを考えていないことが多いからです。前述したように、毎日見ていても関心がないことは見えません。人は、自らの能力の範囲でしか、物事を見ることができないので、たとえば、職員が「これが原因です」と言ったとしても、それが本当に、「正しい判断」なのかどうかは、わからないのです。

　管理者は、何が起きても平常心でいることが大切です。心が動揺すると、正しい状況判断ができなくなります。報告を受けたときにあいまいな場合は、「なぜ」、「具体的に」の言葉を使って真実に迫る習慣をつけることが大切です。

　人は、いろいろな経験を積み、失敗を重ねながら正しい判断力を身につけていきます。この判断力は、記憶力とは違い年齢とともに衰えることはなく、逆に高くなるといわれています。

（2）分析力

　分析とは、ある事柄の内容や性質などを明らかにするため、細かな要素に分けていくことをいいます。この分析力を高めることによって、介護事故が起きた場合に、なぜ起きたのか、その原因をきちんと分析することができ、真実の把握につながります。

　分析力を高めるためには、ロジックツリーの考えを実践するとよいでしょう。問題を引き起こしている「根本問題」を突き止めるためには、Why（なぜ？　どうしてその問題が起こっているのか？）でアプローチすることが有効です。

いやがられても、無理矢理にでも「なぜ」を５回続けるようにすると問題意識が強くなり、分析力を高める格好の訓練となります。

（３）正しい思考プロセス

　正しい結論を導くためには、正しい思考プロセスを脳にインプットしておく必要があります。
　一般的に、思考プロセスとは、
　①「何を変えればよいか（What to change?）」
　②「何に変えればよいか（What to change to?）」
　③「どのように変えればよいか（How to cause the change?）」
といった一連のプロセスを系統的に考えることといわれています。
　現状の課題の中の何を変えればよくなるのか、どのような状態にもっていけばいいのか、どのような手段で変えていくのかを検討することがポイントです。言い換えれば、問題を解決するために、問題の根本原因が何かを探り、どのような状態になれば解消されるのか、その状態にもっていくためにどのような方法があるのか、を問い続けることが重要ということです。
　介護事故が起きた場合に、「なぜ、どうして起きたのか」を問い続けることによって、問題の本質がわかります。問題の本質がわかったら、それを解決するために、どうしたよいのかを考えます。施設・設備の問題なのか、職員のケアの問題なのか、情報共有化ができていないのが問題なのか、一人ひとりの介護スタッフのレベルにばらつきがあるのが問題なのか、グループワークで意見を集約します。
　次に介護事故をなくすためにはどうしたよいのかを考えます。どのような状態になれば、介護事故が起きなくなるのか。施設の段差

が問題であれば、バリアフリーに変えることが有効と考えられますが、職員の介護技術が根本問題である場合は、職員の介護技術を高めることが必要になります。そのための具体的な方法を検討して実践することになるのです。

　こうした一連の思考プロセスを身につけることが必要なのです。さらに詳しく思考プロセスを勉強したい方は、エリヤフ・ゴールドラット氏の「ザ・ゴール２―思考プロセス」をご紹介します。

（４）意志力

　意志とは、目標を定めてその達成のために行為を促す自発的な思考をいいます。よく「意志が強い」とか「意志が弱い」と使われますが、意志が強い人は、欲望や誘惑に惑わされることなく、自らが設定した目標を達成していきます。一方、意志が弱い人は、目標を設定しても「三日坊主」となってしまい、目標を達成することができません。

　倫理観を高めるためには、意志力を高める必要がありますが、どうやって高めればよいのでしょうか。意志の力は筋肉のように鍛えることができるのでしょうか？　それともそれは持って生まれたもので、なかなか変えることができないのでしょうか？

　私の例で恐縮ですが、ジョギングやマラソンなど持久力を必要とする運動をしているときと、していないとときを比較すると、運動をしているときのほうが、意志の力が強くなったと感じられたのです。適度な運動は心と体にプラスの効果をもたらしますが、運動の嫌いな人もいるでしょう。そんな人でも小さな習慣を継続することにより、意志力を高めることができるといわれています。小さな習慣というのは、朝、起きたら顔を洗って歯磨きをする程度のレベル

でもいいので、何か小さな習慣を生活の中に取り入れることにより意志の力が大きくなるということです。

よく「継続は力なり」といいます。継続することによって、意志の力を高めることができるのです。人は、よい言葉を毎日唱えることにより、心にプラスのエネルギーを蓄えることができるようになります。

聖人といわれた殷（いん）の湯王（紀元前1776年～53年在位）が日々用いる洗面手洗いの盤に刻みつけておいたと伝えられている言葉があります。

それは、「苟に日に新たに、日々に新たに、また日に新たなり」です。この言葉は、四書五経の大学・伝二章に記載されており、「今日の行いは昨日よりも新しくよくなり、明日の行いは今日よりも新しくよくなるよう修養に心がけねばならない」という意味です。

「温故知新」という言葉があります。「昔のことをよく学び、そこから新しい知識や道理を得る」という意味ですが、長い歴史の中で語り継がれ、磨かれた言葉には、真実があります。「日々に新たに」という言葉も、古い言葉ですが、私たちに大切な生き方を教えてくれているように思います。

これを実践するためには、昨日よりも今日、よい行いをしようと思うことが大事です。そのためには、一日の行いを反省しなければなりません。毎日、夜寝る前に一日を反省して、よい行いをしただろうかと、自分自身に問いかけなければ、明日よい行いをすることはできないでしょう。

そういう意味では、「言うは易く行うは難し」です。頭ではわかっているけれど、実際に行うことが難しい。だから、殷の湯王は、毎朝、顔を洗う洗面盤にこの言葉を刻んでいたのかもしれません。

意志力を高めるためには、毎日、よい言葉を唱え、自分にできる

ことを繰り返して行うことです。小さなことをコツコツと続けることが大事です。

第3章

実践するために

1 どのような仕組みをつくったらよいか
－倫理綱領と行動指針の整備－

(1) 専門職の倫理観を高める仕組み

　介護の現場では、介護福祉士、看護師、社会福祉士など、さまざまな専門職がチームケアを行っています。利用者からの相談については、社会福祉士が対応し、介護については介護福祉士、看護については看護師が対応しますが、一人の高齢者を支えるためには、それぞれの専門職としての倫理観を高めるとともに、専門職同士のチームプレーが必要になります。

　専門職の倫理観を高めるために、日本社会福祉士会、日本介護福祉士会、日本看護協会が、独自に倫理綱領を策定しています。

　具体的に日本社会福祉士会の倫理綱領を見ていくことにしましょう。

❶社会福祉士の倫理綱領

　社会福祉士は、相談援助の専門家としてさまざまな困難を抱えた利用者に対して、課題解決に向けた方策を提案し実践します。したがって、利用者に対する倫理責任を明確に詳細に打ち出しています。

1）利用者に対する倫理責任
　1．社会福祉士は、利用者との専門的援助関係を最も大切にし、それを自己の利益のために利用しない。
　2．社会福祉士は、業務の遂行に際して、利用者の利益を最優先に考える。

3. 社会福祉士は、自らの先入観や偏見を排し、利用者をあるがままに受容する。
4. 社会福祉士は、利用者に必要な情報を適切な方法・わかりやすい表現を用いて提供し、利用者の意思を確認する。
5. 社会福祉士は、利用者の自己決定を尊重し、利用者がその権利を十分に理解し、活用していけるように援助する。
6. 社会福祉士は、意思決定能力の不十分な利用者に対して、常に最善の方法を用いて利益と権利を擁護する。
7. 社会福祉士は、利用者のプライバシーを最大限に尊重し、関係者から情報を得る場合、その利用者から同意を得る。
8. 社会福祉士は、利用者や関係者から情報を得る場合、業務上必要な範囲にとどめ、その秘密を保持する。秘密の保持は、業務を退いた後も同様とする。
9. 社会福祉士は、利用者から記録の開示の要求があった場合、本人に記録を開示する。
10. 社会福祉士は、利用者の援助のために利用者に関する情報を関係機関・関係職員と共有する場合、その秘密を保持するよう最善の方策を用いる。
11. 社会福祉士は、利用者に対して、性別、性的指向等の違いから派生する差別やセクシュアル・ハラスメント、虐待をしない。
12. 社会福祉士は、利用者を擁護し、あらゆる権利侵害の発生を防止する。

2）実践現場における倫理責任
1. 社会福祉士は、実践現場において、最良の業務を遂行するために、自らの専門的知識・技術を惜しみなく発揮する。

2．社会福祉士は、相互の専門性を尊重し、他の専門職等と連携・協働する。
3．社会福祉士は、実践現場との間で倫理上のジレンマが生じるような場合、実践現場が本綱領の原則を尊重し、その基本精神を遵守するよう働きかける。
4．社会福祉士は、常に業務を点検し評価を行い、業務改善を推進する。

3）社会に対する倫理責任
1．社会福祉士は、人々をあらゆる差別、貧困、抑圧、排除、暴力、環境破壊などから守り、包含的な社会を目指すよう努める。
2．社会福祉士は、社会に見られる不正義の改善と利用者の問題解決のため、利用者や他の専門職等と連帯し、効果的な方法により社会に働きかける。
3．社会福祉士は、人権と社会正義に関する国際的問題を解決するため、全世界のソーシャルワーカーと連帯し、国際社会に働きかける。

4）専門職としての倫理責任
1．社会福祉士は、利用者・他の専門職・市民に専門職としての実践を伝え社会的信用を高める。
2．社会福祉士は、その立場を利用した信用失墜行為を行わない。
3．社会福祉士は、他の社会福祉士が専門職業の社会的信用を損なうような場合、本人にその事実を知らせ、必要な対応を促す。
4．社会福祉士は、不当な批判を受けることがあれば、専門職として連帯し、その立場を擁護する。
5．社会福祉士は、最良の実践を行うために、スーパービジョン、

教育・研修に参加し、援助方法の改善と専門性の向上を図る。
　6．社会福祉士は教育・訓練・管理に携わる場合、相手の人権を尊重し、専門職としてのよりよい成長を促す。
　7．社会福祉士は、すべての調査・研究過程で利用者の人権を尊重し、倫理性を確保する。

　日本社会福祉士会の倫理綱領の特徴は、利用者、実践現場、社会および専門職の４つの分野において倫理責任を明確にしていることです。
　このほかにも、日本介護福祉士会や日本看護協会等は、独自に倫理綱領を定めています。このように、専門職の倫理は、それぞれの専門職団体が中心となって明文化し、一人ひとりが倫理観を高められるよう取り組んでいます。
　組織において倫理規程を策定する場合の参考になると思います。大事なことは、倫理綱領をつくることではなく、倫理を高める実践活動をすることです。そのためには、常に携帯して、いつでも確認できるようにすることが重要です。

2 組織の倫理を高めるために

(1) 組織の倫理はなぜ必要なのか

　組織内における倫理を確立する目的は、組織において違法や不道徳な行動をなくすことです。これにより組織は、地域や社会の信頼を得て、継続的な発展につながります。

　組織における高い倫理観は、社会人としてのルールをはみ出す行為の発生率を抑制するとともに、何かの間違いでルール違反を発生させてしまったときの情状酌量余地を広げます。

　さらに、高い倫理意識を通じて組織従業員に誇りをもたせ、忠誠心、帰属意識、モラルを高める働きをします。その結果、利用者に喜ばれる事業所となっていくのです。

(2) 組織の倫理を高めるために

　組織の倫理を高めるためには、さまざまな方法がありますが、介護事業所で取り組める適切な方法を紹介します。

❶倫理規程を設ける

　法人内の倫理を高めるためには、新たに倫理規程を設けることが有効です。倫理規程は、法人の役員および雇用契約を締結しているすべての職員を対象として制定します。

　倫理規程の内容は、それぞれの法人が検討すべきことですが、標準的には、次に掲げる内容を盛り込みます。

①社会的使命
②顧客の利益の重視
③法令遵守
④私利追求の禁止
⑤利益相反の防止
⑥守秘義務
⑦公正取引
⑧資産の保護と適切な利用
⑨記録保存
⑩環境問題への取り組み
⑪社会貢献活動
⑫人権の尊重
⑬違法または反倫理的な行為の報告
⑭不利益取り扱いの禁止
⑮財務関係役員および社員等の倫理規程

(3) 内部通報制度の導入

　内部通報制度を導入することも有効です。
　内部通報制度とは、組織において、法令違反や不正行為などのコンプライアンス違反の発生またはその恐れのある状況を知った者が、そのような状況に適切に対応できる窓口に直接通報することができる仕組みのことです。
　名称は、「ヘルプライン」「ホットライン」「コンプライアンス相談窓口」などさまざまです。通常は、直属の上司や管理者に通報することになりますが、何らかの理由で通常ルートが使えない場合、非常時のルートが必要となることから内部通報制度を創設します。

内部通報制度は、組織のコンプライアンス経営を有効に機能させるうえで重要な役割を担っている制度です。

　内部通報制度を運用する場合、通報した人を保護する仕組みが必要になります。そのため、従業員が法令違反行為を通報した場合、解雇等の不利益な取り扱いから保護し、事業者のコンプライアンス経営を強化するために、公益通報者保護法が2006（平成18）年4月に施行されました。

　すべてにいえることですが、よい仕組みをつくっても実践しなければ意味がありません。

3 どのような職員教育を行ったらよいか
－教育研修の重要性－

(1) 倫理教育プログラムの構築

　倫理教育を行う場合に注意しなければならないことは、全職員が、共通の倫理観をもって行動できるようにすることです。十人十色という言葉があるように、人はそれぞれ考え方や価値観が違っています。しかし、同じ組織の一員としてチームプレーをするためには、同じ価値観や倫理観をもたなければならないと思います。

　同じ価値観、倫理観をもつためには、スクール形式の研修では限界があるので、事例検討を組み込んだグループディスカッションが有効です。この場合の事例も、できれば事業所で起きたことを題材にすると、より具体的に、より身近に、自分の事としてとらえることができます。

　また、組織の中に法人役員と職員から構成される「倫理委員会」を設置し、倫理規程や倫理教育のカリキュラムを策定することが重要です。他団体の規程を参考にしつつも、最終的には自らが規程をつくり上げ、研修カリキュラムの編成と実施まで担当する意気込みが必要になります。

(2) コンプライアンス手帳の配布

　倫理教育は、企業の不祥事が相次いだことからその重要性が認識され、盛んに実施されるようになってきました。当初は、専門家を招いて、企業倫理がなぜ重要か、不祥事を起こすとどうなるのかと

いった概念的な研修が主流でした。最近では、それぞれの企業で倫理規範などを作成し、その浸透を図るために具体的な場面を想定したケース事例などによる実践的な教育に変わってきました。

　私が所属する公益社団法人かながわ福祉サービス振興会では、非常勤調査員の不適切な調査事例をテーマとして、倫理と法令遵守の研修を実施しています。実際に起きた個人情報の漏えい事件を題材にして、倫理と法令遵守の重要性を説明しています。併せて法人の基本理念等を記載した職員手帳（コンプライアンス手帳）を配布することにしました。

　法人の基本理念をすべての職員に徹底するために、それぞれの事業所で工夫していると思いますが、かながわ福祉サービス振興会では、2013（平成25）年にすべての職員および調査員に職員手帳を配布し、基本理念と法令遵守を徹底しました。

　この手帳には、法人の経営理念、基本憲章、職員行動指針を掲載し、いつでも見ることができるようになっています。具体的な内容は次のとおりです。

〔職員手帳の構成〕
1　経営理念
2　基本憲章
3　職員行動指針
4　個人情報保護方針
5　組織の概要
6　役員一覧
7　年間行事予定
8　月刊目標、振り返り
9　定款

10	個人情報保護規程
11	県内市町村等関係機関電話番号
12	カレンダー
13	神奈川県内の主な指標

　この手帳で大事なことは、法人の経営理念、基本憲章および職員行動指針を掲載していることです。非常勤調査員には、常に身分証明書と職員手帳の携帯を義務づけ、利用者に対して誠実な仕事をするように指導しています。

〔経営理念〕
　公益社団法人かながわ福祉サービス振興会は、全社員が地域社会に貢献するために活動し、行政や民間企業、ＮＰＯや関係団体から信頼され、共感される経営を目指します。

〔基本憲章〕
● 私たちは、お客様の視点で考え行動します。
● 私たちは、進歩への意欲を絶やさず、常に前進します。
● 私たちは、誠実さを基本とし、最善を尽くします。
● 私たちは、連携と協力を大切にします。
● 私たちは、良い関係づくりを大切にします。

〔職員行動指針〕
1　法令遵守
　法令を遵守し、介護・福祉事業の健全な発展のために尽くします。
2　社会貢献

地域社会の一員として、積極的に社会貢献活動を行います。
3　人権尊重
　人権を尊重し、セクハラ、パワハラなどの嫌がらせや差別を行いません。
4　品質管理
　事業活動のすべての段階において、お客様への品質を第一に考え行動します。
5　情報管理
　セキュリティ管理を適切に行い、振興会内の機密情報及びお客様や従業員などの個人情報の不正使用や漏えいをしません。
6　安全衛生
　安全で衛生的な職場環境づくりに努め、万一の災害発生時には、人命の安全を最優先に行動します。
7　環境保全
　資源の効率的利用と再資源化に努め、環境の保全に努めます。
8　交通安全
　交通ルールやマナーを守り、安全運転に努めます。

4 組織文化をつくる意気込みで

　組織文化は、長い時間をかけてつくられるものだと思います。一朝一夕につくることはできません。組織文化とは、組織の中で共有された全体の行動原理や思考様式といえます。行動原理や思考様式を共有化するためには、徹底した教育が必要です。よいサービスを提供するためには、よい人材が必要です。よい人材を育てるためには、よい考え方を身につけなければなりません。よい考え方を身につけるためには、毎日、毎日、よい考え方を身につける努力が必要です。

　徳のある人間になりたいと思ったら、徳を身につけるための修業をしなければなりません。それは、山寺にこもって座禅をするようなことではなく、昨日よりも今日、今日よりも明日、よい行いが行えるように、日々の行いを振り返ることです。

5 違反事例を教材にする

　不正を防止するためには、どのような行為が違反となってしまうのか、違反事例を勉強することが重要です。違反事例については、「反面教師」としてとらえ、そうしてはいけないと職員に教えるのに役立ちます。都道府県や市町村が指導監査の事例を公表していますので、事業所は、こうした情報を入手して自らの事業所の法令遵守体制の整備に役立てるとよいでしょう。

(1) 各サービス共通の違反事例

❶人員基準違反の事例

　具体的に、人員基準に関する指導事例から見ていきましょう。人員基準はサービスによって違いますが、共通したよくある違反事例をあげると次のとおりです。
　①月ごとの勤務形態一覧表が作成されていない。
　②勤務形態一覧表が事業所、サービスごとに作成されていない。
　③勤務形態一覧表に管理者の勤務予定が記載されていない。
　④時間外勤務時間を含めて勤務表を作成している。
　⑤雇用契約書や労働条件通知書等が保管されていない。
　⑥雇用契約書等に職務内容が明確にされていない。

❷運営基準違反の事例

　次に、運営基準に関する指導事例を見てみましょう。
１）重要事項説明書等

①契約書しか作成されておらず、重要事項説明書を作成していない。

　②重要事項説明書に記載されている従業者の勤務体制が現状と異なる。

　③重要事項説明書を利用者や家族に説明、同意、交付したことが書面上で確認できない。

　④重要事項説明書と運営規程の記載内容が相違している。

　⑤介護予防に係る運営規程や重要事項説明書が整備されていない。

2）料金の徴収

　①利用料金を徴収した際に領収書を発行していない。

　②保険給付に含まれる物品について、料金徴収している。

3）苦情処理・事故時の対応

　①指定申請時の書類に記したとおりの苦情処理の対応がされていない。

　②事故発生後、事業所として再発防止の取り組みが行われていない。

　③事故発生について、市町村等に報告をしていない。

4）秘密保持

　①利用者との契約書等に個人情報の使用同意に関する項目が盛り込まれておらず、同意が得られていない。

　②従業者の在職中および退職後における利用者およびその家族の個人情報に関する秘密保持について、事業所と従業者間の雇用契約、就業規則、宣誓書等で取り決めが行われていない。

5）記録類の整備等

　①個別のサービスごとのサービス計画を作成しないまま、介護サービスを提供している。

　②介護支援専門員が作成する居宅サービス計画が変更になったに

も関わらず、個別のサービス計画の見直し・変更がされておらず、サービス計画が居宅サービス計画に即した内容になっていない。
③サービス計画を利用者に説明していない。
④サービス計画の同意を得ていない。
⑤サービス計画を利用者に交付していない。
⑥サービス提供開始時および計画変更時等において把握した、利用者の心身の状況について記録されていない。
⑦提供した具体的なサービス内容等の記録について、利用者ごとに記載していない。
⑧提供した具体的なサービス内容等の記録の開始・終了時刻が実際の時間ではなく、サービス計画に位置づけられている標準的な時間となっている。
⑨従業者の資質向上のための研修の実施記録が保存されていない。

6）その他
①運営に関する重要事項の概要が事業所の見やすいところに掲示されていない。
②自費サービスをあたかも介護保険サービスであるかのように表現したチラシを作成し、利用者や関係機関へ配布している。

（2）居宅介護支援事業者の違反事例

■1 人員基準と取扱件数
①管理者が居宅介護支援事業所とは別の敷地にある通所介護事業所の管理者として業務に従事している。
②管理者が居宅介護支援事業所の他の介護支援専門員の業務の実施状況を把握しておらず、運営基準を遵守させるため必要な指

揮命令を行っていなかった。
③管理者兼介護支援専門員が居宅介護支援事業所と同一敷地内にある訪問介護事業所で管理者として業務に従事していたが、介護支援専門員の常勤換算方法による員数の算出において、訪問介護事業所で管理者業務に従事する時間も含めてカウントしていた。

2 居宅サービス計画の作成・変更

①利用者が要介護更新認定を受けていたが、サービス担当者会議を開催せず、居宅サービス計画の変更の必要性について、サービス担当者から専門的な意見の聴取を行っていなかった。
②適切な方法によりアセスメントを行わずに、居宅サービス計画を作成していた。
③月に１度のモニタリングについて、特段の事情がないにも関わらず、利用者の居宅を訪問せず、電話により行っていた。

3 居宅サービス計画

①2012（平成24）年度介護報酬改定による訪問介護の基本単位に関わる時間区分の見直しに伴い、サービス内容を新たな時間区分に適合するよう変更していたが、十分なアセスメント・ケアマネジメントを行わず、利用者の意向も踏まえずに変更を行っていた。
②乗車前・降車後の屋内外における移動介助が必要でない利用者について、通院等乗降介助として居宅サービス計画に位置づけていた。
③利用者の希望はあったが、主治の医師の指示を確認せずに通所リハビリテーションを位置づけていた。

4 運営基準減算・特定事業所集中減算

1）運営基準減算
　①サービス担当者会議を行わないまま、居宅サービス計画を作成していた。
　②居宅サービス計画の変更を行ったが、変更後の居宅サービス計画を利用者および居宅サービス事業者に交付していなかった。
　③月に1度、利用者の居宅を訪問し、モニタリングを行っていたが、その記録を作成していなかった。

2）特定事業所集中減算
　①当該減算の適用状況に係る報告書を作成していなかった。

（3）訪問介護・介護予防訪問介護の違反事例

1 管理者の責務と訪問介護員等の配置について
①管理者が同一敷地内ではない他の事業所の職務に従事していた。
②管理者が事業所の従業員に運営基準等を遵守させるための必要な指揮命令を行っておらず、不適切なサービス提供が常態化していた。
③訪問介護員の資格要件が確認できなかった。
④有料老人ホーム併設の事業所で、訪問介護員の勤務時間が訪問介護サービスと施設のサービスとで明確に区分されておらず、結果として常勤換算2.5を満たしていなかった。

2 サービス提供責任者の配置と責務について
①常勤2以上のサービス提供責任者の配置が必要であるにも関わらず、常勤のサービス提供責任者が1しか配置されていなかった。

②サービス提供責任者が果たすべき業務を行っておらず、不適切なサービス提供が常態化していた。
③サービス提供責任者の変更届が提出されていなかった。
④常勤のサービス提供責任者が併設の有料老人ホームの業務を兼務していた。

❸訪問介護計画について

①訪問介護計画を作成せずにサービス提供を行っていた。
②居宅サービス計画に沿った訪問介護計画を作成していなかった。
③訪問介護計画を変更せずにサービス提供を行っていた。
④訪問介護計画に位置づける所要時間を標準的な時間ではなく訪問介護員等の力量により決めていた。

❹サービス提供の記録について

①サービス内容についての記録がなかった。
②利用者の心身の状況等がまったく記載されていなかった。
③併設の有料老人ホームのサービスとして実施したものと訪問介護サービスとして実施したものとの区別がされておらず、実際のサービス内容やサービス提供の時間等が確認できなかった。

❺介護報酬について

①併設の施設サービスとして行ったサービスに対し、訪問介護費を請求していた。
②実際のサービスの内容は生活援助であったにも関わらず、身体介護として報酬請求を行っていた。
③訪問時に利用者が不在であったが、訪問介護計画に位置づけられた掃除を行ったので生活援助で算定した。

6 所要時間について
　①訪問介護計画に位置づけられた所要時間が、訪問介護を行うのに要する標準的な時間ではなく、訪問介護員の力量等によって時間を位置づけていた。
　②訪問介護計画に位置づけられた内容の訪問介護を行うのに要する標準的な時間ではなく、現に要した時間で算定していた。
　③前回のサービス提供から2時間空いていないにも関わらず、合算せずに報酬請求していた。

7 通院等乗降介助について
　①通院等乗降介助のみの利用者について、訪問介護計画を作成していなかった。
　②ケアプランに位置づけられていない通院等乗降介助を行っていた。
　③通院等乗降介助の利用がないからといって、サービスの提供を拒否していた。

8 各加算の算定にかかる留意事項について
1）特定事業所加算
　①サービス提供に当たっての訪問介護員への伝達が、サービス提供責任者の口頭説明のみだった。
　②訪問介護員に対して健康診断等をまったく行っておらず、健康状態の管理が行われていなかった。
　③定期的な会議の記録がされておらず、実際に会議を行ったことが確認できなかった。
　④介護職員等に対する研修計画がすべて同じであり、訪問介護員ごとに研修計画を作成していなかった。

⑤同意が得られなかったからといって、一部の利用者に加算を算定していなかった。
2）緊急時訪問介護加算
　①ヘルパー訪問時に利用者の容態が急変した際、緊急対応を行った事例に緊急時訪問介護加算を算定していた。
　②利用者やその家族からの要請に関する記録がされていなかった。
　③介護支援専門員が要請内容から判断した標準的な時間を、サービス提供責任者が確認していなかった。

（4）通所介護・介護予防通所介護の違反事例

❶人員基準について
　①所定の資格要件を満たす生活相談員が配置されていなかった。
　②生活相談員が営業のために外出しており、サービス提供時間中に生活相談員が不在となったため、基準上確保すべき勤務延時間数の配置ができていなかった。
　③個別機能訓練加算を算定していない事業所において、機能訓練指導員が配置されていなかった。

❷設備基準について
　①レイアウトの変更をすでにしていたが、変更届を提出していなかった。
　②食堂および機能訓練室に、静養室とは別にベッドを設置し、静養スペースとしていたため、実際に利用できる有効面積が減少していた。
　③非常災害に際し必要な設備（消火器等）が設置されていなかった。
　④相談室を他の用途の部屋に変え、相談室がなくなっていた。

3 通所介護計画について
①通所介護計画が作成されていなかった。
②利用者またはその家族の同意を得ずにサービス提供を開始していた。
③すべての利用者の通所介護計画の内容がまったく同じであった。

4 介護報酬
①桜が満開だったので気分転換に花見に出かけ、通所介護サービスとして報酬算定していた。
②通所介護のサービス提供として、機能訓練目的ではない、ショッピングセンターでの買い物やレストランで外食をしていた。
③慰安のためのマッサージを提供し、通所介護サービスとして報酬算定していた。
④事業所規模について、前年度の利用者数の実績の確認を行っておらず、本来事業所規模を小規模から通常規模へ変更しなければならなかったところ、届け出をせず、誤って小規模のまま報酬請求していた。
⑤介護保険の利用者のほか自費の利用者も受け入れていた事業所において、自費の利用者も含めた利用者数の合計が利用定員を超過しており、定員超過による減算（過誤調整）となった。
⑥看護師の人員欠如により減算が必要となる事業所において、減算の届け出を行っていなかった。

5 サービス提供の記録について
①サービス開始時間と終了時刻があらかじめ印字されていた記録用紙を使用し、実際のサービス提供時刻が不明であった。
②利用者の通院を理由に3時間未満のサービス提供を行ったにも

関わらず、当初の通所介護計画に位置づけられたサービス提供時間数の報酬算定をしていた。
③当日体調不良の利用者に対し、2時間以上3時間未満の報酬を算定していた。

6 衛生管理、非常災害時の対応、事故報告について
①利用者を迎えに行ったところ利用者が嘔吐していたが、他の利用者と同じ送迎車に乗せサービス提供をし、他の利用者や事業所職員に感染させてしまった。
②防火管理者を置かなくてもよいこととされている事業所において、消防計画に準ずる計画の作成がされていなかった。

7 加算について
①運動器機能向上計画の短期目標に関わるモニタリングを実施していなかった。
②サービス提供体制強化加算で、前年度実績が6か月以上あるにも関わらず、直近3か月の平均の割合で計算していた。

(5) 特定施設の違反事例

1 特定施設サービス計画の作成について
①特定施設サービス計画を作成したことが確認できなかった。
②十分なアセスメントを行わず、計画が画一的で、個別性が認められない。
③モニタリングは定期的に実施しており、利用者の状況変化による計画の変更が必要と思われる場面があったのに、計画の変更がなされていなかった。

2 特定施設サービス計画等の説明、同意、交付について
　①特定施設サービス計画の交付、同意が文書で確認できない。
　②日付等の記載が抜けている。
　③最新の状態ではない重要事項説明書を交付していた。
　④重要事項説明書に記載すべき項目が一部空欄のまま交付していた。

3 人員基準について
　①管理者が別の場所にある事業所の職務を兼務していた。
　②看護・介護職等、基準上配置すべき従業者の員数が不足していた。

4 勤務形態一覧表の作成方法
　①勤務日の扱い、常勤換算が理解されていない。
　②非常勤職員の休暇を勤務時間に算入していて、正しく計算したら人員欠如になった。兼務している職員の勤務時間が按分されていなかった。

5 加算の算定における指導事例
1）個別機能訓練加算
　①利用者ごとの実施時間、訓練内容、担当者等の記録が作成・保管されていなかった。
　②機能訓練指導員の配置は看護師の資格を有する者1名のみであったところ、その者が看護職員の業務を兼務することになり、「専従」の要件を満たさなくなったが加算の取り下げをしていなかった。
2）夜間看護体制加算
　①重度化した場合における対応に係る指針について、同意を得ら

れていない利用者からも加算を算定していた。

　加算を算定できるのは、重度化した場合における対応に係る指針について同意を得られている利用者に限られます。同意が不備の場合は、基準違反となり、報酬返還となります。

　②重度化した場合における対応に係る指針について、同意署名欄の日付の記載がもれており、同意を得られた日が確認できなかった。

　加算を算定できるのは、重度化した場合における対応に係る指針を定め、利用者またはその家族等に対して、当該指針の内容を説明し、同意を得られた日からです。

3）医療機関連携加算

　①協力医療機関等に情報を提供した場合に、当該医療機関の医師または主治医が受領したことの確認ができなかった。

　②協力医療機関等に情報提供した場合において、協力医療機関の医師または利用者の主治医から、署名あるいはそれに代わる方法により受領の確認を得ていなかった。

6 利用料の徴収について

①介護上必要な標準的な車いすを利用者に負担させていた。

②介護上必要なトロミ剤を利用者に負担させていた。

③特定施設入居者生活介護の利用契約を結んだ後も、定期健康診断費用等を利用者に負担させていた。

7 衛生管理等について

①リネン庫に清潔なリネン類とレクリエーション用品が混在していた。

②汚物処理室で介護職員のエプロンを洗濯していた等、清潔・不

潔の区分がしっかりされていなかった。

8 身体的拘束の廃止について
①身体的拘束を長期に行い「緊急やむを得ない」という検証が形骸的になっていた。
②家族から要望があったという理由のみで身体的拘束を行っていた。
③身体的拘束の態様や時間、利用者の心身の状況等の記録が確認できなかった。
④身体的拘束を行った後の拘束解除時期等の検討記録が確認できなかった。

9 運営上必要な留意事項について
①変更届を提出していない。
②資格証の写しが事業所にない。
③指定申請書類の保管をしていない。

　皆さんの事業所で心当たりのある事項がありますか。該当する場合は、改善が必要になります。自分勝手の考えで法令違反かどうかを判断することは危険です。法令を勉強し、その趣旨を理解したうえで、どのような行為が法令違反になるのかを判断しましょう。

（6）指導から監査に切り替えた事例

　監査事例としては、有料老人ホームに併設された訪問介護事業所に実地指導に入ったところ、いろいろと不適切なケアを目撃することとなり、重大な法令違反の状態が継続している疑いが出てきたた

め、監査に切り替えた事例をあげましょう。

　指導を行っている最中に監査に切り替えるということは、あまり例がありませんが、重大な法令違反の状態や不適切なケアが確認された場合はあり得ます。この事業所において行われていた実態は次のとおりです。

　①人手がないときに利用者の安全のために居室を「施錠」している。
　②同時に複数の利用者に対してサービスを提供している記録がある。
　③訪問介護計画書にサービス提供時間や具体的なサービス内容が未記載となっている。
　④介護報酬を請求したサービスが実施されたことを確認できる記録がない。
　⑤開設時から、サービス提供の実績管理を他事業所の介護支援専門員が実施している。

　このような不適切なケアや法令違反の状態が継続しているのは、確かにおかしい状態であると思いますが、現場で日々の仕事をしていると、その「おかしいという感覚」が麻痺してくることがありますので要注意です。

（7）指導を受けたら

　実地指導で指摘された不適切事項については、軽微な場合と重大な場合で指導に違いがあります。法令違反とはならない、あるいは法令違反ではあるが文書指導するまでもない場合に口頭指導となります。口頭指導の場合も、それを真摯に受け止め、事業所内での改善を進めていかなければなりません。

文書指導は、明らかに重大な法令違反の状態である場合に、それを是正するために行います。最初は、「改善勧告」です。勧告しても改善が図られない場合は、「改善命令」となります。それでも改善されない場合は、「指定取り消し」という順番です。

　今回の事例では、「法人として不祥事案に係る責任の所在を人事上の措置も含めて明確化し、原因を究明のうえ再発防止策を実施することについて報告するとともに、利用者保護の観点から本事案の経緯、再発防止策の内容について自ら公表すること」という内容の改善勧告が行われました。

　改善勧告を受けた事業所は、勧告書に定められた期限内に違法状態を改善し、その結果を報告しなければなりません。

(8) 行政処分の基本的な考え方

　改善勧告や改善命令、指定取り消しを行う場合に、行政は、その判断基準をどこに置いているのでしょうか。不正事案が発生した場合、その内容がどの程度のものなのかを判断する基準は、次のとおり考えられます。

> ①公益侵害の程度
> 　・公益性を著しく侵害しているか。
> 　・受けた被害はどの程度深刻か。
> ②故意性の有無
> 　故意によるものか、過失によるものか。
> ③反復継続性の有無
> 　反復継続して行われたのか、1回限りのものであったか。
> ④組織性・悪質性の有無

- 担当者個人の判断で行われたのか、経営陣や管理者も関与していたのか。
- 隠蔽を図るなど、悪質な行為が認められたか。

　公益侵害とは、介護報酬の不正請求および受給のことです。介護報酬の不正受給が、なぜ、「公益侵害」になるのでしょうか。それは、介護報酬は、税金と保険料から成り立っている「公金」と考えられるからです。不正請求は、税金などの公金を不適切に受領する一連の行為となるため、公益を侵害したとみなされるのです。

　また、介護保険の財源は、潤沢にあるわけではなく、どの自治体も厳しい状況に置かれており、国民も、その金が適正に使われていることに関心をもっています。したがって、介護事業を経営する者は、法令を遵守しながら良質な介護サービスを提供していかなければならないのです。

6 情報公表制度や評価を活用する

(1) 情報公表制度や運営状況点検書を活用する

　介護事業所におけるコンプライアンスを徹底するためには、介護サービス情報公表制度や評価を活用することも有効です。情報公表制度の調査項目は、運営基準をベースにしているため、項目を理解することが法令の理解につながるのです。調査票については、巻末の資料を参照してください。

　また、神奈川県では、サービスごとに運営状況点検書を作成し、Web上に公開しているので、誰でも無料で入手することができます。この運営状況点検書も、事業所のコンプライアンスを徹底する際に役立つと思いますので、一部（訪問介護）を巻末に資料として掲載しておきます。他のサービスは、次のサイトから入手することが可能です。

> 介護情報サービスかながわ
> http://www.rakuraku.or.jp/kaigonavi/
> ／ライブラリー
> ／運営状況点検書・運営の手引き

(2) 評価を活用する

　介護事業所を上手に経営するためには、質の高いサービスを継続して提供することが重要ですが、そのためには、介護職員を育成す

るための仕組みを作る必要があります。その方法はいくつかありますが、評価の仕組みを上手に活用して、職員の育成を行っている事業所もあります。

　評価を上手に活用するためには、評価の実施だけでは意味がありません。評価を活用する意義は、事業所の改善点を明確にして、継続的な発展をうながすために行うものです。コプライアンスが課題と判明したら、どのようにして組織の中でコンプライアンスを徹底できるか、どのようにして一人ひとりの職員の意識を変えていくかを検討しなければなりません。目標を設定し、P、D、C、Aのマネジメントサイクル (96ページ参照) を回すことが重要です。

第4章

社会に貢献する組織をつくる

1 組織の基本理念を明確にする

　社会に貢献する組織をつくるためには、社会に貢献することを基本理念として明文化し、その理念を職員に徹底することが重要です。どのような言葉でも構いませんが、役員および職員が共感できる理念を言葉にして、お互いに共通理解をする必要があります。

　介護事業を経営する者は、常に地域への社会貢献を考えておく必要があります。どのような職業であっても、社会に対する貢献をしているのですが、介護事業の場合は、事業そのものが社会貢献につながる重要な仕事になるので、常にそのことを意識しておくことが重要です。そのために、明文化するのです。

(1) 仕事を通して社会に貢献する

　介護事業所が社会貢献を行っていく場合に大事なことは、職員が事業所に対して貢献することが地域への貢献になるということを理解することです。社会貢献というと、仕事以外の地域活動をイメージする人もいると思いますが、介護事業所で働く人たちは、仕事そのものが社会貢献なのですから、一生懸命仕事をすることが地域への社会貢献につながるのです。

　仕事を通して社会に貢献できる環境にあるのですから、自らが所属する組織への貢献が前提になります。組織への貢献と社会への貢献は、矛盾するのではありません。組織に貢献することがひいては、社会に貢献することにつながるのです。

(2) サービスの質を高める

　事業所が提供するサービスの質を高めることは、より価値の高いサービスを提供することにつながるので、利用者と地域社会に、より貢献することになります。地域における事業所の価値が高くなるということは、そこに働く職員の価値が高いことにつながり、より良いサービスを提供する事業所は、利用者と地域社会の信頼を得て、事業が拡大していくのです。まさによい循環を作り出すことができます。そのためには、一人ひとりの職員が、自己研鑽し、あるいは、他者と切磋琢磨し、自分自身を価値あるものに高めていかなければなりません。自分自身の価値を高めることが、事業所の価値につながり、より地域社会に貢献できるのです。

(3) 組織に貢献する職員を育成する

　厳しい経営環境の下で事業を継続し、拡大していくことは並大抵のことではありません。不平や不満を言っていても、問題が解決されるものではないのです。不平や不満は、むしろ事態を悪い方向へと導いていく恐れがあります。

　むしろ大切なことは、組織のなかで自分が置かれている場所と役割を認識し、その場所で光り輝くためには、何をすればよいのかを考えることです。隣の芝生は青く見えるものです。いつも隣の芝生を羨んでいても、しかたがありません。いかにして自分自身の「強み」を発揮するのかが重要です。組織の中で、「利用者のために、地域社会のために何ができるか」を考え、実践することが組織に対する貢献となり、社会への貢献になります。このような考え方をもった職員を育成することが経営者の役割といえるでしょう。そ

のためには、日頃から職員自らが継続的な業務改善に取り組む姿勢を評価することが重要になります。

2 業務改善を継続する

(1) あるべき姿を目指す意識をもつ

　介護事業所では、実地指導や監査以外にも、評価や利用者からの苦情、事故などから業務の改善を図らなければならないことがあります。実地指導で指摘された事項については、法令違反の恐れがありますから優先して改善しなければなりませんが、法令違反の状態にない場合でも、サービスの質を上げるために日頃から業務改善を進めることが重要です。

　業務改善を進める場合には、その基本的な考え方をしっかりと身につけなければなりません。その場合に重要となるのは、「問題意識」です。問題という言葉は日常的に使われますが、その意味がはっきりしないまま使っている場合があります。問題とは「あるべき姿と現状との『ギャップ』」のことです。

　「問題を発見」するためには、「あるべき姿」を明確に意識しておかなければなりません。「あるべき姿」は、事業体や組織が目指している目標であり「望ましい状態」です。この目標があるから、問題を発見できるのです。「何をすべきか」、「なぜ、そうなったのか」といった問題意識が大切です。重要なのは、改善に向けた取り組みの意志を事業所の職員全員で共有するとともに、各人が日頃から「問題意識」をもち続けることです。

（2）業務改善の手順

業務改善を進める場合は、その手順をしっかりと理解しておくことも重要になります。具体的な手順は、次図（**図表4-2-1**）に示すとおりです。

【図表4-2-1】業務改善の手順

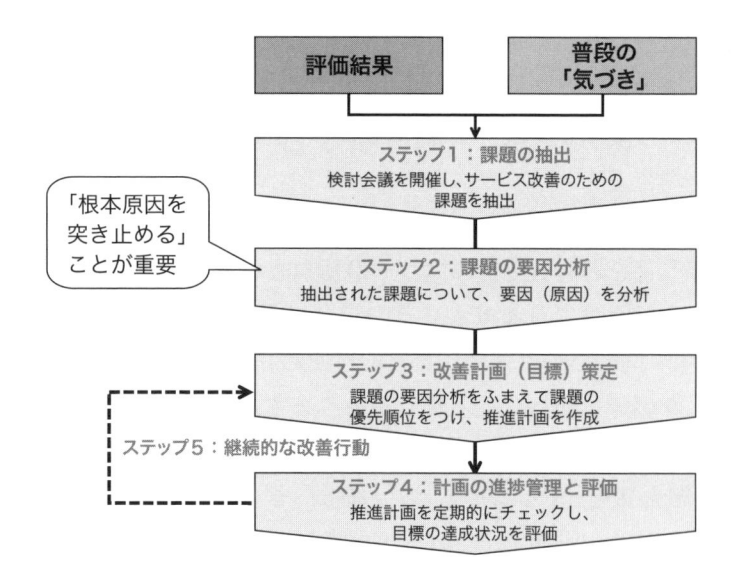

```
      ┌─────────┐     ┌─────────┐
      │ 評価結果 │     │ 普段の  │
      │         │     │「気づき」│
      └────┬────┘     └────┬────┘
           └──────┬─────────┘
                  ▼
         ステップ1：課題の抽出
         検討会議を開催し、サービス改善のための
                  課題を抽出
                  ▼
「根本原因を      ステップ2：課題の要因分析
突き止める」  ──▶ 抽出された課題について、要因（原因）を分析
ことが重要
                  ▼
         ステップ3：改善計画（目標）策定
         課題の要因分析をふまえて課題の
         優先順位をつけ、推進計画を作成
                  ▼
   ステップ5：継続的な改善行動
                  ▼
         ステップ4：計画の進捗管理と評価
         推進計画を定期的にチェックし、
              目標の達成状況を評価
```

ステップ1　課題の抽出が重要

業務改善のスタートは、問題の発見、課題の抽出です。指導による指摘や事故、苦情の発生はわかりやすい「問題」です。適切でスピーディな対応や対策が求められます。大切なのは、事故や苦情の起こる原因を究明することです。

日頃から「問題意識」や「高い志」をもち続けていれば、問題や課題に「気づく」こともできますが、自分目線で見るだけでは「見え

ない」問題もあります。また、「見えやすい問題」よりは「見えにくい問題」の方が根源的な問題であることが多々あります。たとえば、人や部署によって「あるべき姿」のイメージが異なるため、共通の課題認識がもてない。過去のしがらみや固定観念にとらわれて、正しい課題を突き止めることができない等があります。

　課題は、人によって見え方が違うので、本当の課題を抽出することは難しいのですが、とても重要です。何を問題として何を解決すべきなのか、問題を「正しく捉える」ことが業務改善の第1ステップです。

ステップ2　課題の根本原因を突き止める

　次のステップは、問題を引き起こしている「根本原因を突き止める」ことです。これには、Why（なぜ？　どうしてその問題が起こっているのか？）でアプローチします。つまり、なぜそういう結果（現状）になっているのかについて、考えられるさまざまな原因（要因）をスタッフ間で話し合うことです。そして、考えられる複数の要因を書き出し、整理します。

　たとえば、「ロジックツリー」という問題解決に使われる思考フレームがあります。これを使って、課題の原因となっている一次要因を洗い出し、さらにそれら一次要因の原因となっている二次要因、さらには三次要因を洗い出していきます。つまり、大きな課題を、より小さな具体的な課題に分解し、検証可能な論点として整理することが重要なのです。

【図表4-2-2】ロジックツリー

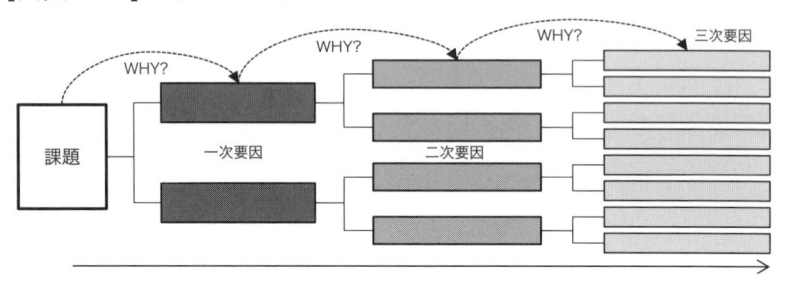

要因の洗い出しにあたっては、以下の点に留意すべきです。
・あまり細かなところにとらわれず、本質的に重要な要因の抽出を意識する。
・仮説要因を立てることで、効率的に進めることもできる。
・過去の考え方にとらわれず、ときにはゼロベースで発想することも重要となる。

ステップ3-1　課題の優先順位をつける

　課題の優先順位をつける手法としてよく使われるのは、「重要度」と「緊急度」のマトリックスです。抽出された課題をこのマトリックスに当てはめ、「緊急」で「重要」な課題から取り組むことが重要です。たとえば、事故や実地指導での指摘事項などは、「緊急」であり「重要」なので、優先順位を高くして取り組む必要があります。次図（**図表4-2-3**）を参考にして、事業所の課題の優先順位をつけてみましょう。

　優先順位のつけ方でよくある誤りは、「緊急」な課題に目を奪われて「重要」な課題を後回しにしてしまうことです。このような優先順位のつけ方をしていると、重要な課題への対応が後回しになってしまい、大きな問題へと発展する場合があります。したがって、

「緊急」ではないが「重要」な課題は、優先順位を高くしておかなければなりません。たとえば、介護職員の教育などがこれにあたります。緊急ではありませんが重要な課題ですので、優先順位を高くして取り組む必要があります。

【図表4-2-3】「重要度」と「緊急度」のマトリックス

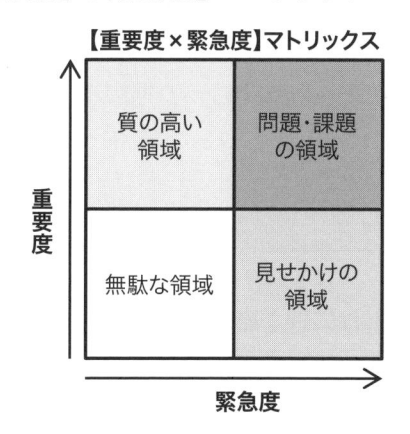

【重要度×緊急度】マトリックス

	緊急度低	緊急度高
重要度高	質の高い領域	問題・課題の領域
重要度低	無駄な領域	見せかけの領域

ステップ3-2 対策を考える場合は「How（どうやって？）」の思考

　問題の優先順位がつけられたら、あとはどうやってそれを解決すればいいのか？ という対策を考えることになります。これはHow（どうやって？）の思考で考えます。つまり、その要因を除去したり克服するためには何をすればいいのかについて、考えられるさまざまなアイデアをスタッフ間で話し合うことです。そして、考えられる複数の解決策のアイデアを書き出し、整理します。

　次にそれぞれの対策案について、個人でできるもの、組織全体で取り組むべきもの、制度変更を伴うもの、あるいは、要する時間やコスト、期待できる効果の程度、などといった要素をそれぞれ評価します。その結果、どの打ち手が最善なのかを評価選択するというのがこのステップです。

ステップ３－３　計画を実行する場合に重要な５Ｗ１Ｈ

　課題への解決策が決まったら、それを改善計画として仕上げます。計画は、実行しなければ意味がありませんので、目標を設定し、いつまでに、誰が実施するかを事前に決めます。その際大切なことは、プロジェクトマネジメントの基本である５Ｗ１Ｈの考え方をもとに、

　　・WHAT（改善目標の明確化）
　　・WHO（推進リーダー・担当者は誰か）
　　・WHEN（いつまでに実施するか、期限を決めておく）
　　・WHERE（必要に応じて、対象の範囲、部署等を決めておく）
　　・HOW（どのような方法で進捗をチェックするのか）

などについて、管理者とスタッフ間で合意しておくことです。

ステップ４－１　進捗管理を確認し評価する

　策定した改善計画は、その進捗状況を常に把握することが必要になります。業務改善は、目標と計画（Ｐ＝PLAN）、計画の実行（Ｄ＝DO）、進捗管理と評価（Ｃ＝CHECK）、計画の見直し・改善（Ａ＝ACTION）のプロセスを常に意識しながら、継続的に取り組み、PDCAの好循環サイクルをつくりあげていくことが大切です。

【図表4-2-4】PDCAの好循環サイクル

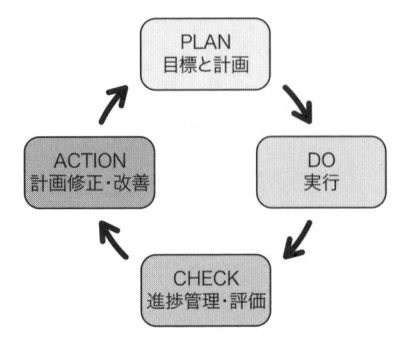

```
        ┌─────────┐
        │  PLAN   │
        │ 目標と計画 │
        └─────────┘
       ↗             ↘
┌─────────┐         ┌─────────┐
│ ACTION  │         │   DO    │
│計画修正・改善│        │   実行   │
└─────────┘         └─────────┘
       ↖             ↙
        ┌─────────┐
        │  CHECK  │
        │進捗管理・評価│
        └─────────┘
```

業務改善の推進と管理の重要な役割を果たすのが「評価＝チェック（C）」です。「評価」は、「計画」に従って「実行」した経過がどうか、その進捗を管理し評価することです。「計画」どおりにできているか、「計画」どおりに進んでいないところはどこか、なぜできていないのかを、きっちり点検する必要があります。

ステップ4－2　評価の「計画・仕組み」が重要

P（Plan:計画）やD（Do:実行）に対して熱心に取り組んだとしても、その後のC（Check:評価）が曖昧で、PDCAサイクルがうまく回らないという話をよく聞きます。このような場合、当然A（Action:改善）もできず、PDCAのサイクルは回りません。

評価ができていないのは、評価の「計画・仕組み」が考えられていないことが多いようです。日常の忙しさに紛れていつの間にか忘れられてしまわないために、まず、評価をいつ行うのかと、どのように行うかをあらかじめ検討しておくべきです。

ステップ5　業務改善を楽しむ心を

社会福祉法人心の会が運営する通所介護事業所では、利用者評価を活用して、業務改善に取り組みました。その理由は、「送迎について利用者のニーズに応えられていないのではないか」、「デイサービスの内容が利用者に満足していただけてないのではないか」との問題意識があったからです。苦情とはなっていませんが、こうした問題意識があると、利用者の満足度を把握したいという気持ちになり、評価の実施につながります。評価を実施した結果、介護人材の育成およびリスクマネジメントに課題があることがわかりました。

そこで、常勤のスタッフ5～6名で会議を開き、評価結果を共有しながら話し合い、次に、非常勤職員についても、常勤会議で話し

合った内容を抜粋して報告し、情報の共有化を図っていきました。こうした取り組みを進める中で、職員の意識が変わり、ケアの記録を正確にとるようになり、ケアへの関心も高くなりました。そして、記録書類のフォーマットをより目的にかなうものに職員自ら変更するなど、業務の改善が行われるようになったのです。こうした業務改善を進めるためには、何よりも職員の問題意識が重要であることをうかがわせる事例です。

　第三者が行う評価には、職員の意識改革やモチベーションの向上、潜在的な課題の把握など、さまざまな効果をもたらしますが、それを活用して業務改善を進めることができるかどうかは、管理者の姿勢にかかっています。業務改善は、「苦しいこと」を伴いますが、よい結果をもたらすことがわかれば、「楽しいこと」に変わります。業務改善を楽しむ心が備わると、一人ひとりの職員の行動が変わってきます。行動が変わると習慣が変わり、習慣が変わると未来が変わります。業務改善をとおして、事業所の組織風土をよりよいものにし、サービスの質の向上と事業の発展に寄与するためには、「業務改善を楽しむ心」が重要なのです。

3 事業の成長サイクルをつくる

(1) 職員満足度を高める

　サービス事業の成長や収益の成果を達成するうえで関係する主要要因の関連性を示したフレームワークとして、『サービス・プロフィットチェーン』という考え方があります。ハーバード・ビジネススクールのジェームズ・J・ヘスケットらが、成功したサービス企業の分析を通じて開発したものです(**図表4-3-1参照**)。
　基本的な考え方は以下のとおりです。

1　高い職員満足は、Loyalty(ロイヤルティ)の向上や高いサービス生産性をもたらし、これがサービス価値(品質)の向上をもたらす。
2　サービスの価値(品質)向上が、顧客満足を高め、顧客ロイヤルティの醸成につながる。
3　ロイヤルティの高い顧客(家族)が、リピート利用や他の顧客への推奨をすることで、収益の向上やブランド価値の向上など事業の成長につながる。
4　事業の成長でもたらされた原資をもとに、採用・配置・評価・育成など適切な人材マネジメントシステムを構築し、内部サービス品質を向上させる。
5　内部サービスの向上が社内顧客といわれる職員の満足度を高める。

【図表4-3-1】サービス・プロフィットチェーン

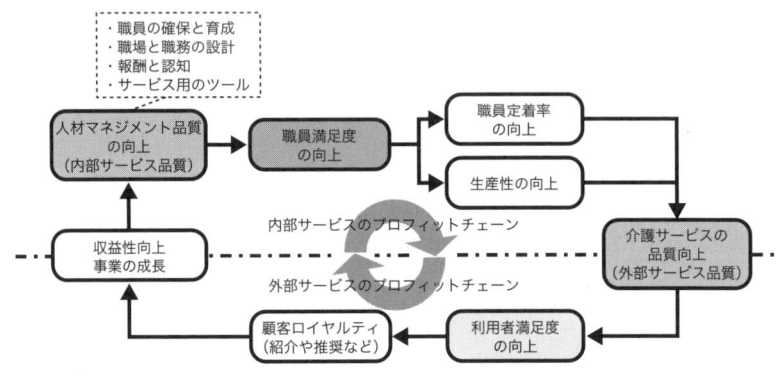

```
・職員の確保と育成
・職場と職務の設計
・報酬と認知
・サービス用のツール
```

- 人材マネジメント品質の向上（内部サービス品質）
- 職員満足度の向上
- 職員定着率の向上
- 生産性の向上
- 収益性向上 事業の成長
- 介護サービスの品質向上（外部サービス品質）
- 顧客ロイヤルティ（紹介や推奨など）
- 利用者満足度の向上

内部サービスのプロフィットチェーン
外部サービスのプロフィットチェーン

ジェームズ・L・ヘスケット、アール・サッサー、レオナード・シュレシンジャーの共著
『The Service Profit Chain』（邦訳『カスタマー・ロイヤルティの経営』より）

　サービス・プロフィット・チェーンは、職員満足（ES）が利用者満足（CS）を高め、またその利用者満足が職員満足を高めるという循環サイクルになっていることを示しています。「職員満足⇒利用者満足⇒職員満足…」という好循環サイクルを回すことが、事業の成長の鍵を握ることを表したものです。

（2）ESとCSの重要性

　このように、ESとCSは事業成長にとってきわめて重要な要因であるため、ES調査やCS調査で、定期的に顧客満足状況や従業員満足状況を把握することは大切なことです。さまざまな角度から分析することで、業務改善に向けての課題を発見することができます。

4 事業目標と戦略を「見える化」する

(1) バランス・スコア・カードの活用

　事業の目標と戦略を「見える化」する一つの有効な手法が、『BSC (バランス・スコア・カード)』です。

　一般にBSCは、「財務の視点」、「顧客の視点」、「内部ビジネス・プロセス(業務プロセス)の視点」、および「人財と組織の成長の視点」という4つの視点から、重要な戦略に注目し、4視点それぞれについて、

- 目標(戦略目標)
- その目標達成度を測る尺度(成果指標)
- 尺度(指標)についての目標値
- 目標値を実現・達成するための実施項目(具体的施策、行動計画)

を明らかにするものです。

　BSCによって、以下のことが可能になります。

- 戦略を現場の言葉に置き換える
- 組織全体を戦略に向けて方向づける
- 戦略を全職員の日々の業務に落とし込む
- 戦略を継続的なプロセスにする

　BSCの戦略マップ(**図表4-4-1**)は、現状分析の結果導き出された事業目標を達成するための進むべき道筋を表したものです。「上位の戦略目標を実現するために、下位の戦略目標として何が必要だろうか」という発想で作成します。

介護サービス事業の場合、顧客が満足するサービスを提供するという基本的な目標があるため、「顧客の視点」の戦略目標を起点に、「業務プロセスの視点」の戦略目標、「人材・組織の成長の視点」の戦略目標の順に考え、全体の戦略テーマ（道筋、戦略シナリオ）を「見える化」していきます。

【図表4-4-1】BSCの戦略マップ

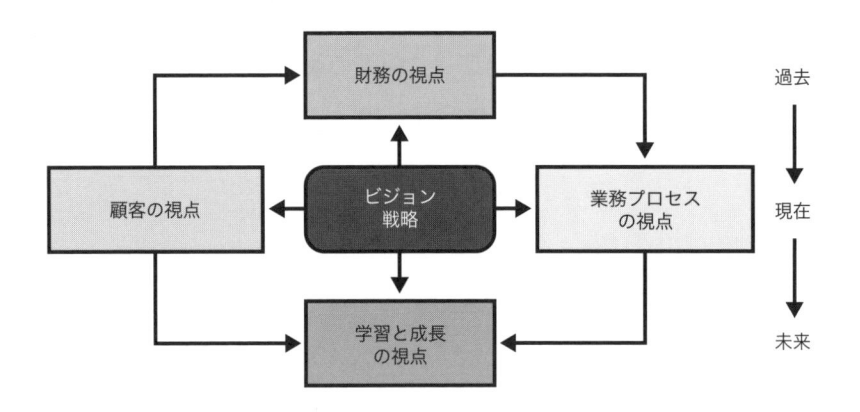

5 ネガティブマインドをポジティブマインドにする

　介護の現場には、ネガティブな言葉や感情が渦巻いています。ネガティブな言葉は、マイナスのエネルギーをもっていますので、いつも、そこに身を置いていると、いつの間にか自分もネガティブな感情に満たされてしまうものです。こうした環境で、いつもプラス思考、前向きな考え方でいるためには、どうしたらよいのでしょうか。
　その回答は一つではありません。人によってその方法は違うと思いますが、共通の考え方があります。それは、「介護の仕事は人を幸せにすることを手伝うことである」と考えることです。
　人は、誰も不幸になりたいと望んでいる人はいません。誰もが幸せになりたいと願っています。ということは、「人は幸せになるために生まれてきた」のです。だから、人は、自分を幸せにしてくれる人についていきます。
　幸せの感じ方は、人それぞれに違いますが、一人ひとりがそれぞれの幸せを感じて生活することが大事です。幸せを感じるためには、一つの約束があります。それは、決してネガティブな気持ちにならないことです。たとえば、不満、不平、怒り、疑い、悲しみなどは人の心を蝕んでいきます。人の心は庭や畑と一緒です。何も手入れをしないと雑草が生えてきます。何も手入れをしないとマイナスの感情で溢れてしまうのです。ですから、畑の雑草を取り除くことが必要なように、心の中からマイナスの感情を取り除くことが大切なのです。
　そのためには、常にポジティブな感情で心を満たすようにします。ポジティブな感情は、ポジティブな言葉から生まれてきます。ポジ

ティブな言葉とは、感謝、喜び、信頼などを指しますが、こうした言葉は、プラスのエネルギーをもっています。人は、毎日感謝の言葉を受け取ると、自然と元気になっていくものです。それは、感謝の言葉には、プラスのエネルギーがあるからだと思います。そのプラスのエネルギーを心に満たして仕事をすると、人間関係がよくなり、仕事が楽しくなります。その結果、よい成果がもたらされます。ネガティブな気持ちにならないよう、日頃からポジティブな言葉を使うようにしましょう。

　介護の仕事は、人が幸せになることを手伝うことです。人を幸せにするためには、自分自身が常にポジティブな感情で心を満たす必要があります。これは、福祉の仕事の中で一番難しいかもしれませんが、一番大事なことだと思います。

第5章

経営に活かされた事例

　本章は、コンプライアンス経営を実践した事例として、株式会社ツクイの三宅篤彦氏、社会福祉法人合掌苑の森田健一氏に、その取り組みについて寄稿いただいております。

1 株式会社ツクイの取り組み

株式会社ツクイ
執行役員内部統制室長　三宅篤彦

（1）株式会社ツクイについて

　当社の前身は、現代表取締役会長津久井督六が1967（昭和42）年2月横浜市港南区において、個人で津久井土木を創業、神奈川県内を主体とする土木工事、特に上下水道管埋設ならびに道路の改良舗装の請負を開始したことに始まります。

　昭和50年代半ば、津久井督六の母親が認知症になり、病院や老人ホームを転々とする生活を余儀なくされました。そのため、母親の面倒を見られる施設を横浜に建設しようと考えました。これを契機に1983（昭和58）年3月に社内に福祉事業部を新設し、横浜市鶴見区において訪問入浴介護を開始したのが、福祉事業に参入したきっかけです。以降、全国の自治体から委託を受けて訪問入浴介護を展開するとともに、訪問介護にも参入し拡充を図って参りました。

　当時、高齢者福祉は行政による「措置」であったため、行政サービスか委託を受けた少数の民間企業によって担われており、利用者も権利意識は乏しくサービス内容についての要求水準も低い状況でした。こうした不安や問題の解消を図り、今後急速に増加することが見込まれる介護費用を将来にわたって社会全体で支える新たな仕組みとして2000年（平成12）年4月に介護保険制度が施行され、福祉業界は民間事業者が多数参入し、新たな局面を迎えました。当社

においても、お客様アンケートの中で最もニーズの高かった通所介護を中心に幅広いサービスメニューを展開し、2013（平成25）年12月現在で全国47都道府県に直営にて548か所の事業所を設置するに至っております。

（2）内部監査部門設置に至った経緯

　介護保険制度が始まった当初は新しい法制度に対応し慣れていくのに精一杯という時期でありました。その後、事業所サイドの理解不足による売上計上に関する不備、未収金の発生等が顕在化してきたため、不備事項の多い事業所に対して本社の幹部職員が巡回し、チェックリストに基づく指導を実施しました。この体制により一定の品質は担保できるようになったものの、今後の競争激化の中でサービス品質をさらに高めて競合他社に打ち勝っていくためにも内部監査部門の独立は必須と考え、2002（平成14）年4月に内部監査室（現内部統制室内部監査担当）を代表取締役直轄の組織として発足させました。これによって内部監査部門は事業推進部門、管理部門の双方から独立して、全社的に評価できる体制を整えました。

　現在の内部統制室は3つの担当に分かれており、専門知識を有するスタッフ19名を配置しております。

　内部監査担当は、法令を遵守した適正な業務執行、経営効率化の促進を図るため、年間計画に基づき監査を行っております。内部監査の結果は代表取締役、担当役員および監査役に速やかに報告し、チェック機能を果たすのみならず、業務改善課題の提言を行っております。

　内部統制担当は、財務報告に関わる内部統制の有効性を評価するため、内部統制の整備および運用状況を評価しております。内部統

制評価の結果は、代表取締役、担当役員および監査役に報告され、内部統制報告書の作成を行っております。

業務管理担当は法改正に伴う業務管理体制の整備のほか、全国都道府県の実地指導等の一元管理を行い、各エリアと連携し適正な運営のサポートを行っております。

（3）当社内部監査の概要について

当社の内部監査は、法令を遵守した適正な業務執行および経営効率の向上に資することを基本方針としております。複雑多岐にわたる業務処理、深刻化する従業員確保、激しさを増す同業他社との競争、年々強化される行政の指導監督等、当社の経営環境は益々厳しさを増しております。このような状況の下で内部監査の役割は益々重要になっておりますので、監査機能の一層の強化充実を図り、介護保険法等関係法令および社内諸規程に従い適正かつ有効に運用されているかを監査するとともに適切な助言を行い、法令遵守の周知徹底と業務の適正化を推進しております。現在は9名の内部監査担当が業務にあたっております。

当社における内部監査は、内部監査規程および年度ごとに作成している内部監査基本計画に基づき以下の要領で行っております。

❶監査の目的

事業拠点、本社各部署の業務執行が法令、定款、社内諸規程および会社の運営方針等に適合し、適正かつ有効に運用されているかを監査し、事業所運営の適正化および経営効率の促進を図ることを目的としております。

2 監査の範囲

前記監査の目的を達成するために必要とする事項について、会社業務の全般にわたって行うこととしております。

3 監査の種類とローテーション

監査の種類は定期監査および特命監査とし、その内容は以下のとおりです。

1）定期監査

毎年度の内部監査基本計画に基づき経常的に行う監査で、本社部署および事業所における業務執行が、法令・定款・諸規程および会社の運用方針等に適合し、適正かつ合理的・効率的に行われているか監査を行います。すべての事業拠点および本社各部署について1年に1回以上は監査が行えるようにスケジュールを組んでおります。

2）特命監査

代表取締役から特に命ぜられた事項について監査を行います。

4 監査の方法

監査の方法は、原則として実地監査により行います。各自治体が実施する実地指導等で確認される事項を参考にしながら作成した内部監査チェックリストに基づき監査を進めていきます。当該チェックリストはサービスごとに100項目前後、労務管理・事業所経理等の共通事項は250項目程度がリストアップされ、社内イントラネット上でも公開しているため、各事業所でセルフチェックもできる体制となっております。

5 その他

監査は必要に応じ、監査役会および会計監査人との調整を行い、

効率的な監査の実施に努めております。

(4) 定期監査の流れについて

❶内部監査基本計画の策定

　内部監査基本計画は、当該年度の事業運営方針および監査役会の意見等を踏まえ、経営環境の変化に対応し、経営目標の達成に有効かつ効果的なものとします。また、内部監査基本計画は、監査の実施効果を確実なものとするため、リスク評価、被監査部署の規模および業務内容の重要性等をもとに、監査方針、重点目標を定め、対象部署、対象業務、実施時期、監査方法および監査体制等を考慮して策定します。内部統制室長は、毎事業年度の開始に先立って、前記を踏まえた内部監査基本計画を策定し、代表取締役の承認を得るものとしております。

❷内部監査実施計画の作成

　内部統制室長は、内部監査基本計画に基づき、監査の実施細目、実施日程等の調整を図り内部監査実施計画を策定します。

1）内部監査実施要領書の通知

　内部統制室長は、監査の実施にあたり、原則として被監査部署の責任者に対し、監査実施の時期、日程、範囲、監査項目等を示した「内部監査実施要領書」により事前に通知します。ただし、緊急または特に必要と認められる場合は、事前に通知することなく監査を実施することができるものとします。

2）監査の実施と方法

　監査は内部監査実施計画に基づいて実施します。ただし、緊急やむを得ざる場合には、内部統制室長の承認を得てこれを変更して実

施することができるものとします。

　監査の方法は、原則として実地監査により行います。ただし、状況によっては、被監査部署から書類等を取り寄せ、その検討・審査・検証を行う書類監査その他必要と認める方法により実施いたします。主任監査員および監査担当者は、実地監査に際し、通常業務に極力支障を生じさせないよう努めます。

3）内部監査の報告

　監査担当者は、事実の記録、ヒアリングおよび証拠書類等、監査の結果得られた内容を被監査部署、内部統制室長に書面で報告します。ただし、特に内部統制室長が指示をした場合は被監査部署が報告するものとします。

4）監査結果に基づく相互確認

　監査担当者は、監査実施の結果に基づく説明および問題点等を内部監査の報告をもとに被監査部署と相互に確認を行います。

5）監査結果の報告

　内部統制室長は、監査終了後内部監査の報告に基づき内容の精査を速やかに行い、「内部監査指摘事項」を作成し、代表取締役および監査役会に報告します。ただし、緊急を要するときは直ちに口頭をもって報告することができるものとします。また、監査結果は必要に応じ、関係役員にも報告します。

6）改善および点検の指示

　監査の結果において、改善および点検すべき事項が確認された場合、内部統制室長は被監査部署を所管する部長に対し、監査指摘事項を通知し改善の実施を求めます。内部監査規程細則（重要指摘事項の判定基準）に定める「重要指摘事項」が確認されたとき、もしくはその疑いがあるときは、内部統制室長は代表取締役に報告し被監査部署を所管する推進本部長に改善の実施を求めます。

7) 調査報告
　重要指摘事項あるいはその疑いがある事項の改善の実施を求められた部長または推進本部長は、事実確認に必要な調査を行い、調査結果を記載した報告書をとりまとめ、必要な書類とともに内部統制室長に提出します。

8) 改善進捗報告
　重要指摘事項の改善を求められた被監査部署の部長は、改善の進捗状況を「重要事項改善進捗報告書」にとりまとめ、速やかに推進本部長および内部統制室長に提出します。また、改善の進捗状況が不十分と思われるときは、推進本部長および内部統制室長が改善の対応を図ります。

9) 改善状況の確認と報告
　当該部長または推進本部長は、内部監査における指摘、助言、改善提案事項等に対する改善結果を「改善結果報告書」にとりまとめ、内部統制室長に提出します。改善結果報告書を受けた内部統制室長は、必要に応じて改善結果に関わる証跡を収集し、改善状況を確認します。
　内部統制室長は、改善結果報告書を受理したときは、内容を確認し適宜とりまとめ、速やかに代表取締役および監査役会に報告します。

(5) 内部統制室が実施するその他の取り組みについて

■1 フィールドマネージャーの本社研修勤務
　内部監査における指摘事項を早期に改善させて良好な事業所運営を行っていくためには、事業所に一番近い立場のフィールドマネージャーに法令遵守の重要性を認識してもらうことが何より大切です。

そこで、内部監査視点での業務確認や介護保険法その他関係法令を再確認してもらい、今後の事業所指導に活かすことができるようにフィールドマネージャーの本社研修勤務を実施しております。当該研修の目的は以下のとおりです。

①法令遵守の観点で、管理・運営の指導力の強化を図り、介護保険制度の再確認を行い、法令を遵守して管轄するエリアの予算を達成するための明確な指導方針を確立する。

②事業所の内部監査を通じて、他のエリアの運営体制や管理体制の現況を確認し、自分のエリアとの比較を行う。

③担当エリアの過去の内部監査指摘事項を考えて、なぜ改善できないか等の原因を分析し、ではどのようにしたら改善できるかを考えて実践するきっかけとする。

④研修期間中に優秀モデル事業所を訪問し、実際の運営状況を確認する。

フィールドマネージャーの本社研修勤務は2か月間にわたって実施されますが、前半の1か月間を内部監査部門での研修に充てております。当該研修を通じて、介護保険法、労働基準法等の関係法令に対する知識を更に深めるとともに、フィールドマネージャーとして担当エリアの状況を再確認し、今までの指導法でよかったのかを振り返る機会となります。

2 内部監査フォローアップ

内部監査の評価結果が悪い事業所については、内部監査フォローアップ事業所として選定し、内部統制室業務管理担当が改善に向けたサポートを行います。具体的には、内部監査指摘事項の改善状況を調査し、未改善の内容について1件ずつ丁寧に原因を究明し、事業所の職員とともに改善プランを作成し、改善を進めるプログラム

です。1か月後、3か月後に進捗状況を評価し、いわゆるPDCAサイクルを循環させることによって6か月後に最終評価を行います。このプログラムには管轄するフィールドマネージャーにも加わってもらうため、当該事業所の改善につながるだけではなく、担当フィールドマネージャーのスキルアップにも繋がっております。さらには前述の本社研修勤務のフィールドマネージャーも同行させるため、お互いが事業所改善のための手法を身につけることが可能となります。

❸コンサルテーション機能

　当社は500か所を超える事業所をすべて直営にて展開しており、内部統制室では全事業所の内部監査を毎年実施しております。監査時には監査チェックリストの他に、売上損益・事業所の課題と対応について、管理者やフィールドマネージャーの考えを記載した資料の提出を受けております。内部統制室では、各事業所の成功事例や失敗事例についても蓄積できておりますので、各推進本部とも情報共有を図り、コンサルテーション機能の一翼を担っております。

（6）結びに

　当社は、「福祉に・ずっと・まっすぐ」のスローガンのもと、介護事業者としての社会的責任を認識し、コンプライアンスの推進、リスクマネジメント、継続的に健全な運営を確保することを、コーポレート・ガバナンスの基本と考えております。これらの基本的な考え方を実践するために、業務執行の迅速化、監視・監督機能の強化、経営の透明性の高い組織の構築が不可欠であると考えております。当社は、監査役監査、内部監査、そして監査法人による監査に

より、第三者の客観的な視点を反映させて、監査の適正性の維持向上を図っております。

今後も、業務・財務・コンプライアンスにおける内部統制の充実・有効性を継続的に検証しながら、株主・投資家をはじめお客様・社会・従業員に対する責任を果たし、魅力ある企業となるように努めて参ります。

〔参考資料〕
株式会社ツクイ内部監査規程

第1章　総　則
　（目　的）
第1条　この規程は、当社における内部監査に関する基本的事項を定め、内部監査の運営を円滑に行うとともに、法令を遵守した適正な業務執行、経営の合理化および効率化の促進を図ることを目的とする。
　（監査の対象）
第2条　監査は前条の目的達成のために必要とする事項に関し、会社業務の全般にわたって行うものとする。
　（監査の種類および内容）
第3条　監査の種類は、定期監査および特命監査とし、その内容は次の各号に定めるとおりとする。
1）定期監査
　毎年度の内部監査基本計画に基づき経常的に行う監査で、本社部署および事業所（以下、単に「被監査部署」という。）における業務執行が、法令・定款・諸規程および会社の運営方針等に適合し、適正かつ合理的・効率的に行われているか監査を行う。

2）特命監査
　代表取締役から特に命ぜられた事項について監査を行う。
　（監査担当部署および担当者）
第4条　監査の担当部署は内部統制室とする。
2　監査は、内部統制室長が監査長となり、内部監査担当の中から監査業務の責任者として指名した主任監査員および担当監査員によって行う。
3　内部統制室長は、監査業務の有効性を高めるために、代表取締役の承認を得て内部統制室以外の者を指名し、監査に加えることができる。
4　内部統制室長は、内部監査員の内部監査の遂行に必要な専門知識および能力を継続的に研鑽し、向上を図るよう育成を行い、内部監査の信頼性の確保に努めなければならない。
　（監査担当者の権限）
第5条　監査担当者は、被監査部署に対し監査に伴う資料の提出、事実の証明、その他の必要事項の報告等を求めることができる。
2　前項の求めに対し、当該部署は正当な理由なくこれを拒否することはできない。
3　監査担当者は、必要により社外の関係先に内容の照会または事実の確認を求めることができる。
　（監査担当者の遵守事項）
第6条　監査担当者は事実の認定、処理の判断および意見の表明を行うに際しては、常に公正かつ不偏の態度を保持しなければならない。
2　監査担当者は、業務上知り得た事実を、正当な理由なく他に漏らしてはならない。
3　監査担当者は、被監査部署に対し直接、指揮・命令をしてはな

らない。
（被監査部署の遵守事項）
第7条　被監査部署は、円滑かつ効果的な内部監査が実施出来るように、積極的に協力しなければならない。
（監査役会および会計監査人との連携）
第8条　内部統制室長は、監査役会および会計監査人と緊密に連携し、効率的な監査に努めるものとする。

第2章　監査の計画
（内部監査基本計画）
第9条　内部監査基本計画は、当該年度の事業運営方針および監査役会の意見等を踏まえ、経営環境の変化に対応し、経営目標の達成に有効かつ効果的なものとする。
2　「内部監査基本計画」は、監査の実施効果を確実なものとするため、リスク評価、被監査部署の規模および業務内容の重要性等をもとに、監査方針、重点目標を定め、対象部署、対象業務、実施時期、監査方法および監査体制等を考慮して策定する。
3　内部統制室長は、毎事業年度の開始に先立って、第1項および第2項を踏まえた「内部監査基本計画」を作成し、代表取締役の承認を得るものとする。
（監査実施計画）
第10条　内部統制室長は、「内部監査基本計画」に基づき、監査の実施細目、実施日程等の調整を図り「内部監査実施計画」を作成する。

第3章　監査の実施
（内部監査実施要領書の通知）

第11条　内部統制室長は、監査の実施にあたり、原則として被監査部署の責任者に対し、監査実施の時期、日程、範囲、監査項目等を示した「内部監査実施要領書」により、事前に通知するものとする。但し、緊急又は特に必要と認められる場合は、事前に通知することなく監査を実施することが出来る。
　（監査の実施）
第12条　監査は「内部監査実施計画」に基づいて実施する。ただし、緊急やむを得ざる場合には、内部統制室長の承認を得てこれを変更して実施することができる。
　（監査の方法）
第13条　監査は、原則として「実地監査」により行う。ただし、状況によっては、被監査部署から書類等を取り寄せ、その検討・審査・検証を行う書類監査その他必要と認める方法により実施する。
2　主任監査員および監査担当者は、実地監査に際し、通常業務に極力支障を生じさせないように努めるものとする。

第4章　監査結果と措置の報告
　（内部監査の報告）
第14条　監査担当者は、事実の記録、ヒアリングおよび証拠書類等、監査の結果得られた内容を被監査部署、内部統制室長に書面で報告する。但し、特に内部統制室長が指示をした場合は被監査部署が報告するものとする。
　（監査結果に基づく相互確認）
第15条　監査担当者は、監査実施の結果に基づく説明および問題点等を内部監査の報告をもとに被監査部署と相互に確認を行う。
　（監査結果の報告）

第16条　内部統制室長は、監査終了後内部監査の報告に基づき内容の精査をすみやかに行い、「監査指摘事項」を作成し、代表取締役および監査役会に報告する。ただし、緊急を要するときは直ちに口頭をもって報告することができる。

2　監査結果は必要に応じ、関係役員にも報告する。

（改善および点検の指示）

第17条　監査の結果において、改善および点検すべき事項が確認された場合、内部統制室長は被監査部署を所管する部長に対し、監査指摘事項を通知し改善の実施を求める。

2　内部監査規程細則（重要指摘判定基準）に定める「重要指摘事項」が確認されたとき、もしくはその疑いがあるときは、内務統制室長は代表取締役に報告し、被監査部署を所管する推進本部長に改善の実施を求める。

（調査報告）

第18条　前条第2項の改善の実施を求められた部長または推進本部長は、事実確認に必要な調査を行い、調査結果を記載した報告書をとりまとめ、必要な書類とともに内部統制室長に提出しなければならない。

（改善進捗報告）

第19条　重要指摘事項の改善を求められた被監査部門の部長は、改善の進捗状況を「重要事項改善進捗報告書」にとりまとめ、速やかに推進本部長および内部統制室長に提出しなければならない。また、改善の進捗状況が不十分と思われる時は、推進本部長および内部統制室長が改善の対応を図る。

（改善状況の確認と報告）

第20条　当該部長または推進本部長は、内部監査における指摘、助言、改善提案事項等に対する改善結果を「改善結果報告書」に

とりまとめ、内部統制室長に提出しなければならない。
2　前項の報告を受けた場合、内部統制室長は、必要に応じて改善結果に関わる証跡を収集し、改善状況を確認する。
3　内部統制室長は、前項の報告書を受理したときは、内容を確認し、適宜とりまとめ、すみやかに代表取締役および監査役会に報告する。

第5章　その他
（監査手順および項目の見直し）
第21条　代表取締役は、内部監査の有効性を検証し、必要に応じ改定の指示を行うものとする。
2　内部統制室長は、内部監査実施計画を作成するにあたり、事業運営方針および事業環境の変化等を考慮し、監査項目等を定期的に見直すものとする。
（監査関係書類の整理・保管）
第22条　監査関係書類は、定められた手続きにより5年間整理・保管する。

2 社会福祉法人合掌苑の取り組み

社会福祉法人合掌苑
マネジャー　森田健一

　介護業界における人材不足は私がこの仕事を志した20数年前から言われ続けてきましたが、私が勤務をする社会福祉法人合掌苑では最も重要な経営資源は「人財である」と認識してさまざまな取り組みを続けて参りました。その結果、2011（平成23）年度には常勤職員で離職率8.3％を実現することができました。さらに2012（平成24）年度の組織風土基盤調査における「理念や方針への共感」における項目は非常勤を含めた法人全体の平均値が、4点満点中3.5点以上という高い数値となりました。ちなみに現在の職員数は正職員が約200名、非常勤職員が約400名、合計約600名の職員数となっております。ただ離職率が低下しただけに留まらず、明らかな組織と職員個人の成長を実感しこれまでにない勢いを実感することができるようになってきました。今回はその仕組みについて事例報告させていただきます。

　合掌苑は東京都町田市と横浜市瀬谷区に拠点を持ち事業展開しておりますが、その発祥は中野区にある竜昌寺で1945（昭和20）年に東京大空襲で被災した約200名の方を救護したことから始まりました。その後、身寄りを失った18名の高齢者の方々のために老人ホームをスタートさせました。1960（昭和35）年に現在の地に老人ホームだけを分苑して高齢者の尊厳を守り、地域社会の信頼を得ながら貢献をするためにサービス提供をして参りました。

2代目となる現理事長の森一成は創業者である市原秀翁の理念である「人は尊厳を持ち権利として生きる」と4か条「(人間大好き)(笑顔を忘れない)(感謝の気持ちを持つ)(食生活を大切にする)」を継承して、「合掌苑に関わる全ての方を幸せにする」「社会福祉法人としての社会的責任を果たす」の2つのミッションを掲げました。また、そのリーダーシップにより発展をしてきました。

　現在の法人規模は売り上げで年間約27億円、事業は入居系では高齢者のアパート、マンション、養護老人ホーム、特別養護老人ホーム（従来型）、有料老人ホームを在宅サービスはデイ、ヘルパーなどを、直線距離にして4km程度の範囲に密度濃く展開し地域の中核施設となっています。

　性格の異なるさまざまなサービスを展開することで身体的、経済的にどのような状態になられても、住み慣れた地域で最期まで心豊かに暮らし続けていただけることはお客様にとってメリットがあり独自性の発揮につながっていますが、その運営のためにはそれぞれにノウハウが必要にあります。それぞれにマネジメントすることが求められています。

　介護保険がスタートした2000(平成12)年頃まで養護老人ホームや特別養護老人ホーム等の社会福祉施設の運営をしてきましたが、地域の方々から「沢山の施設があるが、安心して入りたいと思える施設が無い」という声が寄せられるようになってきました。これには「特別養護老人ホームなどの既存施設では満足できない」という明快なメッセージであり、望まれていながら提供されていない新たなニーズが生まれていることを示していました。そこでこれまでとは違った新たな価値を持ったサービスを提供する必要があると判断して、有料老人ホームを2003(平成15)年、2004(平成16)年とオープンさせました。振り返ってみれば無料もしくは低額で利用で

きることを前提としている社会福祉施設から、高額な利用料をお支払いいただき、お客様に選んでいただいてご入居をいただく有料老人ホームにチャレンジしたことが現在までのさまざまな変革につながっています。

　私が2003（平成15）年にアメリカのヘルスケアビジネスの視察をした際に非営利組織の病院に勤務するナース（介護職含む）達が「サービスとはお客様にお金をお支払いいただけて初めてサービスであるから、私達は今年よりも来年はもっとよいサービスができるように努力して寄付金を沢山いただけるようにする」と満面の笑顔で語っており、実際に感謝からの寄付の総額が年間収入の10％以上に達していました。それまで無料やおまけがサービスだと思っていた私は衝撃を受けました。また、老人ホームの月額利用料がいずれも50万円〜100万円程度は普通でした。制度が違うとはいえあまりの違いに驚くと同時に、有料老人のホームの開設をしている身としては大きく視点を変えなければならないことを痛感しました。

　お陰様で2003（平成15）年、2004（平成16）年と２つの有料老人ホームを順調に開設することができ法人の事業数も職員数もどんどんと増えてゆきました。この頃は新規開設ということも魅力だったのだと思いますが、求人広告をかけた当日は朝から電話が鳴りやまず、その後の履歴書が146通も届くということがありました。平均して倍率は7〜8倍程度だったと記憶しています。常に合掌苑の理念に共感しているかに視点をおいて採用をしてきました。

　しかしながら、離職率はなかなか下がらず、ノウハウのある合掌苑といえども職員を育てるのには手間も時間もかかることを認識してそれ以上の拡大は質の低下を招くと判断しました。その後は規模を拡大させるのではなく、質を高めることに改善と学習を積み重ねてきました。

当時、法人としては、①理念をどう浸透させていくのか　②質の高い職員をどう育てていくのかに課題認識を持っていましたが具体的に何をどうしたらよいかは漠然としておりました。
　まず初めに取り組んだのはアメリカの視察の経験から、ホテルのようなサービスを目指すことがよいのではと考え、リッツカールトンのクレドをモデルにスピリッツカードの導入をするなどの取り組みをスタートさせました。理念や大切にする行動指針等を常に携帯して、朝礼やミーティングなど事あるごとに唱和をして問いかけを実践しました。常にお客様の状態は変化し、その都度の状況判断が求められることから「自分で考えて行動できる」職員を育成することを目指しました。この頃から「お客様に満足していただく」意識が強くなり、CS（顧客満足）を高める活動が始まりました。
　この頃から、CS（顧客満足）を把握していく必要があると考え、かながわ福祉サービス振興会が実施する「お客様満足度評価」と「東京都福祉サービス第三者評価」の受審をスタートさせました。お客様からの直接フィードバックを受け、気づきを得ながら改善活動につなげ、また、毎年継続して受審を行う事で前年比較から傾向の分析を行う材料としています。ここで大切なことは、われわれが専門家としてどのような素晴らしい努力を重ねたとしても、お客様に「このサービスを利用できてよかった」と思っていただかなければ何の意味もなくなってしまうので、常に自分達がよい事だと思って活動していることに対して客観的に検証するための仕組みとして、とても重要であると考えています。
　次に取り組んだのはコーチングです。言われたことだけをするのではなく、お客様に喜んでいただくためにどうしたらよいのかを「自分で考えて行動できる」職員を育てるためのコミュニケーションの手法として導入をしました。その際にコーチ・エイ（COACH・

A）によるコミュニケーションインフラの調査を行いました。その結果から、職員が「１人で不安を抱えて仕事をしていること、自分の悩みを相談できる場所が無いと感じていること」等がわかりました。どちらかといえば明るく、和気あいあいとした雰囲気で皆楽しくやっている、という印象も持っていましたが、本音では職員は大きな不安の中で仕事をしていることがわかりました。

　同時期にフォーサイツコンサルティングによる「組織基盤風土調査」を実施しました。ここのES（職員満足）調査の結果からも、前述のコミュニケーションインフラ調査と同様の結果と、全職員からの声に加えて、「プロセス不足」「ミドルのマネジメント力不足」「暗黙の了解がある」といったフィードバックも加わりました。

　これらの調査によるフィードバックを受けて、根本的にコミュニケーションのあり方を見直すことにしました。経営幹部を中心にプロコーチを付け、コーチングを受けながら体系的にコーチングを学び、認定コーチの取得を目指して活動を始めました。その学んだ知識をどのように職員へフィードバックをしていくのかを考えて、まずは、理事長と経営幹部（経営幹部は各事業所の所属長まで）の面談からスタートしました。その後、間もなく各経営幹部が職員との面談をスタートさせました。

　コーチングとはコーチの質問にクライアントが答えることで、クライアントの内に秘められた考えを引き出して気づきを促すことを目的としています。気がついたことでクライアントは未来の行動変容を促すことができるので、合掌苑が目指している「自分で考えて行動することができる」職員の育成に効果があるとの確信はありましたが、コーチングとしてしまうと職員への共感が得にくいと考えて「面談」としてスタートしました。ですので「コーチングによる面談」でコーチング以外のテーマも扱います。

手探りの状態での面談開始でしたが、まずは毎月1回、1人1時間の枠で「コーチング面談」をスタートしました。ところが初めは例外なく「不平・不満」などの訴えが続きました。面談されることそのものへの不満もあれば、法人や職場、同僚、上司である私への不満なども上がって来ました。面談をしても話すことが無いと批判的だった職員が実際には2時間近く話し続けたこともありました。しかし、半年もすると感情的で不平・不満の類の訴えは落ち着いて、仕事に関する実質的な内容に変化して来ました。この時点でようやく職員との感情的な部分での最低限の信頼関係が醸成されたと実感しました。
　コーチング面談で話されるテーマが仕事の内容に変化してきたことから、1か月に1回の面談では間隔が長すぎると感じるようになり、1回の面談を30分として、毎月2回の実施を基本としました。また、管理者である所属長やリーダー等に対しては必要によって毎週実施するのなど頻度を高めています。
　ここで大切なことが2つあります。1つ目は事務所で席が隣同士の職員であっても、場所を変えて面談としての時間をしっかりととることです。隣でいつも話していても面談では内容がまったく異なります。初めはその事実に驚きましたが、これは双方にしっかりとアンテナが立っているのかいないのか、目的が明確になっているかいないかの違いからではないかと推論しています。
　2つ目は面談者と職員の間にトラブルがあると機能不全に陥るばかりか逆効果になってしまいます。そのリスクを軽減するために常に1人の職員に対して複数名の面談者がいて客観性を保つことが大切です。私も理事長と、ゼネラルマネージャーの2名に面談を実施していただいております。
　私自身は部下の職員30名に毎月面談実施をしており回数は50回

を超えています。時間は半年間の平均で月20時間程度となっています。これは月の総労働時間が168時間だとした場合に約1割でしかありません。この程度の時間であれば努力でつくり出すことが可能ですし、私はこのコミュニケーションコストを最優先しています。

　この取り組みにより、職員が「1人で不安を抱えて仕事をしていること、自分の悩みを相談できる場所が無いと感じている」といった課題に対して対応すると共に、職員一人一人の成長を支援する仕組みをつくることができたと感じています。本音で話をすることができる自由闊達な組織つくりに前進しています。

　2010年度より、経営品質協議会の正会員となり、日本経営品質賞（JQA）への申請も視野に入れて経営品質向上活動をスタートしました。理事長自らが、経営革新のプログラムや認定セルフアセッサーのコースを受講し、その後、経営幹部を中心に現在では22名が日本経営品質協議会認定セルフアセッサーの取得を進め経営革新への学びを深めました。日本経営品質賞委員会が発行する「アセスメント基準書」にある4つの理念、7つのアセスメント項目を基に組織の活動を振り返りました。

　また、今年度から法人内の認定セルフアセッサーでJQA推進プロジェクトを発足させました。

　第52期（2012〔平成24〕年度）からは経営計画書を1冊にまとめて、経営計画発表会を開催して、経営幹部はもちろん、銀行や主要なビジネスパートナーにもご参加をいただき経営計画書の説明を行っております。その内容は（法人の考え、中期ビジョン、年度目標、必要利益額の算出、収支予算書）等で、経営計画発表会での発表と合わせて全職員にも配布されています。この経営計画書の作成に当たっては、大まかではありますが、9月～10月にかけて各事業所と事業部ごとのSWOT分析を実施して要因分析をします。これら

の分析結果を基に経営幹部が合宿研修を行い話し合いを重ね、12月に理事長と各ゼネラルマネージャーから、職員に向けて経営方針発表会で方針の発表が行われます。これを受けて、各事業部、事業所で次年度の予算や事業計画を策定してゆきます。現在はすでに来期の計画策定に入っていますが、今年度は法人でバランススコアカードの第一人者でおられる吉川武男教授のご指導をいただいたこともあり、SWOT分析からバランススコアカードを構築してその結果を反映できる予定でおります。

経営品質協議会での学びや、JQAのフレームを使い体系的に整理ができるようになったことで「プロセス不足」「ミドルのマネジメント力不足」といった課題にも対応できミドルのマネジメント力も向上してきたと考えています。それまでばらばらに行われていた活動が1つに結びついて相乗効果を発揮してきたように感じます。

合掌苑が目指している理想の姿は何か、お客様が求める価値を提供するためにはどうしたらいいのかなど、仕組みとして考えられるようになりました。

合掌苑はその誕生の物語が語るように、お寺から発祥して住職達の志が理念「人は尊厳を持ち権利として生きる」に継承されています。日本的な「和」の考え方が根底にあるのかもしれません。「コーチング面談」では感情的なつながりを大切にして、個々の特性に合わせて、最大限の力が発揮できるように支援して「働けてよかった」と思ってもらうことを目的にしています。JQAなどの活動では、組織としてお客様に最大限喜んでいただくための仕組みを整え顧客価値を高め続けることが目的です。

これらの活動が進めば、自分が働いたことが「喜んでいただけ、感謝していただける」その事で「自分も嬉しくなり、働けることに感謝する」ことができる。よいサイクルが回っていきます。職員も

お客様も心が豊かになり幸せなだと思える人生を送ることができる。そのミッションの実現のために実践して参ります。

第5章 経営に活かされた事例

おわりに

　本文でも少し触れましたが、企業も、病院も、介護サービス事業者も、利益を出さなければ、事業の継続ができませんから、利益を出すことは重要なことです。利益は事業継続のために必要な資金であり、従業員の給与の源泉でもあります。

　しかし、利益はあくまでも、世のため、人のために奉仕した結果なのです。企業も、病院も、介護サービス事業者も、世のため、人のために尽くすことが本来の使命であって、利益を追求することが目的ではありません。このことを間違えると、事業の継続が危うくなります。組織が高い志を持ち、職員一人一人が高い倫理観をもって仕事をしている組織は、将来にわたって繁栄していくと思います。

　事業は、業績の良いときもあれば悪いときもあります。一生懸命仕事をしているのに、いっこうに利益が出ない場合もあります。生活が苦しいから短期的な利益が欲しい、そんな状況に追い込まれるときもあるでしょう。

　そんなときは、基本に立ち返ることが重要です。そもそも、なぜ、自分はこの仕事をしているのか、と問いかけることです。利益を追いかけるのが経営者の仕事ではありません。利益を追いかけることが仕事だったら、こんなに無意味でつまらないことはないでしょう。仕事を通して社会に貢献することを事業経営の基本に据えることが重要であると思います。

　日本には、古来より優れた言葉があります。近江商人の「三方よし」もその一つです。三方よしとは、自分の利益だけを考えて商売をしてはいけない。相手のことを考え、世間のことを考え、三方がよくなければ、商売は繁盛しないという考え方です。

　また、NHKの大河ドラマ「八重の桜」で有名になった言葉に、「什の掟」があります。この言葉は、会津藩校日新館に入学する前の子供たちの教育として教え込まれたものです。

－ならぬことはならぬものです－
一、年長者の言ふことに背いてはなりませぬ
一、年長者にはお辞儀をしなければなりませぬ
一、嘘言（うそ）を言ふことはなりませぬ
一、卑怯な振舞をしてはなりませぬ
一、弱い者をいぢめてはなりませぬ

介護現場で人としての基礎力を高めることが求められているなか、こうした言葉を大切にし、次の世代に伝えていくことも私たちの役割ではないかと思っています。本書を参考にされ、介護事業の発展と地域社会に貢献されることを心より願っています。

なお、本書を発刊するに当たり、株式会社ツクイの津久井宏社長、三宅篤彦氏、社会福祉法人合掌苑の森田健一氏、ならびに日本医療企画の皆さんには大変お世話になりました。この場を借りて心から感謝申し上げます。

2014年4月

瀬戸　恒彦

● 著者略歴

瀬戸　恒彦 (せと　つねひこ)

公益社団法人かながわ福祉サービス振興会専務理事。1979（昭和54）年神奈川県庁入庁。1993（平成5）年から福祉部福祉政策課で高齢社会対策に関する各種調査、介護保険制度の立ち上げに従事。2001（平成13）年（公社）かながわ福祉サービス振興会事務局長に就任。2002（平成14）年から専務理事。現在、シルバーサービス振興連絡協議会会長、一般社団法人かながわ福祉居住推進機構理事長、神奈川大学非常勤講師も務める。共著として、『評価が変える介護サービス』法研2003、『介護経営白書』日本医療企画2006、『居宅介護支援・介護予防支援給付管理業務マニュアル』中央法規2007、『新・社会福祉士養成講座第11巻第7章』中央法規2010、『介護保険事業所業務改善ハンドブック第1章～4章、7章』中央法規2012などがある。

●表紙デザイン／梅津幸貴
●編集協力／(株)東京コア
●本文DTP ／(株)ワイズファクトリー

介護福祉経営士　実行力テキストシリーズ3
介護事業の基礎力を鍛える
コンプライアンス経営

2014年5月23日　初版第1刷発行

著　者　瀬戸　恒彦
発行者　林　諄
発行所　株式会社 日本医療企画
　　　　〒101-0033　東京都千代田区神田岩本町4-14
　　　　　　　　　　神田平成ビル
　　　　　　　　　　TEL 03(3256)2861(代表)
　　　　　　　　　　FAX03(3256)2865
　　　　　　　　　　http://www.jmp.co.jp/
印刷所　大日本印刷株式会社

ISBN978-4-86439-261-7 C3034　Ⓒ Tsunehiko Seto 2014, Printed in Japan
(定価は表紙に表示しています)

「介護福祉経営士」テキストシリーズ　全21巻

―――――――――――――――――――――――――――――――――

総監修
　江草安彦（社会福祉法人旭川荘名誉理事長、川崎医療福祉大学名誉学長）
　大橋謙策（公益財団法人テクノエイド協会理事長、元・日本社会事業大学学長）
　北島政樹（国際医療福祉大学学長）

（50音順）

■基礎編Ⅰ（全6巻）
　第1巻　介護福祉政策概論 ── 介護保険制度の概要と課題
　第2巻　介護福祉経営史 ── 介護保険サービス誕生の軌跡
　第3巻　介護福祉関連法規 ── その概要と重要ポイント
　第4巻　介護福祉の仕組み ── 職種とサービス提供形態を理解する
　第5巻　高齢者介護と介護技術の進歩 ── 人、技術、道具、環境の視点から
　第6巻　介護福祉倫理学 ── 職業人としての倫理観

■基礎編Ⅱ（全4巻）
　第1巻　医療を知る ── 介護福祉人材が学ぶべきこと
　第2巻　介護報酬制度／介護報酬請求事務 ── 基礎知識の習得から実践に向けて
　第3巻　介護福祉産業論 ── 市場競争と参入障壁
　第4巻　多様化する介護福祉サービス ── 利用者視点への立脚と介護保険外サービスの拡充

■実践編Ⅰ（全4巻）
　第1巻　介護福祉経営概論 ── 生き残るための経営戦略
　第2巻　介護福祉コミュニケーション ── ES、CS向上のための会話・対応術
　第3巻　事務管理／人事・労務管理 ── 求められる意識改革と実践事例
　第4巻　介護福祉財務会計 ── 強い経営基盤はお金が生み出す

■実践編Ⅱ（全7巻）
　第1巻　組織構築・運営 ── 良質の介護福祉サービス提供を目指して
　第2巻　介護福祉マーケティングと経営戦略 ── エリアとニーズのとらえ方
　第3巻　介護福祉ITシステム ── 効率運営のための実践手引き
　第4巻　リハビリテーション・マネジメント ── QOL向上のための哲学
　第5巻　医療・介護福祉連携とチーム介護 ── 全体最適への早道
　第6巻　介護事故と安全管理 ── その現実と対策
　第7巻　リーダーシップとメンバーシップ、モチベーション
　　　　　── 成功する人材を輩出する現場づくりとその条件